如果你肯放手，就有機會選擇

鄭宇晴 ◎ 編著

第一章　守護心靈的底線，讓心更開闊

　　人生像一首詩，有甜美的浪漫也有嚴酷的現實；人生像一首歌，有高亢的歡愉也有低旋的沉鬱；人生像五彩絢麗的舞台，有眾星拱月的主角也有默默無聞的配角。面對世世浮沉想要「勝似閒庭信步」，就得有豁達的襟懷。

　　豁達的人，有著健康向前看的思想，能瀟灑、坦蕩、熱情、開朗，不被生活中瑣碎的小事所困擾，豁達的人是一條河、一條江，滔滔滾滾，直奔向大海。

　　有許多事情都不是你能左右的，你只能是被動地接受，而在接受的過程中，抱著一種什麼的樣的態度很重要。抱著豁達的態度，也許你就能一笑了之，泰然處之；如果是抱著一種消極的態度，也許就會長期鬱悶而一蹶不振；雖然無論是什麼樣的一種態度，都不會影響事情的結果，但是對自己的損傷程度卻大大不同。

目　錄

第二章　選擇自己的道路，是最基本的權利

卡耐基說：「一個人的成功因素很多，而屬於這些因素之首的就是熱情。沒有它不論你有什麼能力都發揮不出來。」沒有熱情，荒野不可能變成田園，雕塑不可能栩栩如生，音樂不可能扣人心弦，詩歌不可能膾炙人口，人類不可能主宰自然。

熱情是動力，沒有熱情就不可能把事情做好；沒有熱情，就沒有信心和勇氣。熱情在讓你以飽滿的情緒去生活的同時，也可以為你帶來很大的利益，讓你離自己定義的成功越來越近。

熱情像燃燒的火炬，能照亮壯麗的人生；像鼓滿的風帆，能開闢事業的道路；熱情如香醇的美酒，能增添生活的樂趣；也似金色的陽光，能給人如沐春天般的溫暖。

目錄

第三章　享受自己的快樂，也要
學會享受他人的快樂

寬容不受約束，它像天上的細雨，滋潤大地，帶來雙重的祝福，祝福施予者，也祝福被施予者。它力量巨大，貴比皇冠，它與王權同在，與上帝並存。無論你富有，無論你貧窮，你都有機會表達你的寬容。

當你施行寬容時你會感受到它的力量是如此強大，它可以使你成為強大而又自豪的人。寬容是人類生活中至高無上的美德。因為寬容包含著人的心靈，因為寬容可以超越一切，因為寬容需要一顆博大的心。

因為寬容是人類情感中最重要的一部分，這種情感能融化心頭的冰霜。而缺乏寬容，將使個性從偉大墮落成連平凡都不如，讓我們擁有寬容的美德，多多為他人考慮吧！

第四章　有一千個藉口哭泣，也要有
一千零一個理由堅強

　　但丁：「走自己的路，讓別人去說吧！」為自己吶喊加油，不要在乎別人說什麼，失敗和痛苦只讓自己去品嚐。在奮鬥中，成也罷，敗也罷，悲也罷，歡也罷，學會取捨，才會懂得生活；學會善待生命，才會寵辱不驚。即使再大的風，再大的雨，自己也會保持清醒，堅守自己的心靈。

　　生活就是這樣的，一定會遇見苦難和失敗，即使很多時候沒有人為我們喝彩也不要緊，無論是坦途還是逆境，都需要勇敢的對自己喊出：加油！自信地面對生命的每一天，讓自信指引生活。不能每日超越一個恐懼，便從未學得生命的每一課。在變幻莫測，競爭激烈的現代社會，自信的重要尤甚，請擁有自信，做自己的力量泉源。

第五章　不完美的自己，也是上帝最完美的禮物

　　每個人，生活在這個世界上，不可能永遠一帆風順的。生活或者生命中，難免會遇到這樣那樣的挫折與打擊。這些挫折與打擊，或許來自學習，或許來自工作，或許來自家人……總之，沒有哪個人的人生道路是永遠光明平坦的。心態決定命運。一個人的心態決定做人、做事的行為方式，同樣，也就決定了其結果。生活是一面鏡子，你對它笑，它就對你笑，你對它哭，它就對你哭。不管你生活中遇到哪些不幸，都應該微笑地對待人生。

　　決定我們幸福與不幸福、快樂與不快樂的，不在於我們是誰，我們正在做什麼，我們有什麼，而在於我們怎麼想。只有擁有樂觀心境的人，博大胸襟的人，心懷淡泊的人，才能一次又一次地握住幸福與快樂之手。也只有樂觀的人，才能看到其他人所不能看到的美好的世界。

如果你肯放手
就有機會選擇

第一章

守護心靈的底線，讓心更開闊

人生像一首詩，有甜美的浪漫也有嚴酷的現實；人生像一首歌，有高亢的歡愉也有低旋的沉鬱；人生像五彩絢麗的舞台，有眾星拱月的主角也有默默無聞的配角。面對世世浮沉想要「勝似閒庭信步」，就得有豁達的襟懷。

豁達的人，有著健康向前看的思想，能瀟灑、坦蕩、熱情、開朗，不被生活中瑣碎的小事所困擾，豁達的人是一條河、一條江，滔滔滾滾，直奔向大海。

有許多事情都不是你能左右的，你只能是被動地接受，而在接受的過程中，抱著一種什麼的樣的態度很重要。抱著豁達的態度，也許你就能一笑了之，泰然處之；如果是抱著一種消極的態度，也許就會長期鬱悶而一蹶不振；雖然無論是什麼樣的一種態度，都不會影響事情的結果，但是對自己的損傷程度卻大大不同。

守護心靈的底線，讓心更開闊

摘除恐懼

一位心理醫生，曾經遇到過這樣一位年輕的病人。這位年輕人總是不敢跟外人說話，很怕被別人嘲笑。

為了治好這個毛病，他把自己寫的日記都交給心理醫生，請醫生幫他的忙。而這本日記裡，絕大部分都記述著他在與人交往過程中的種種挫折感，這使得他越來越膽怯。

他的一段日記寫著：「我都二十歲了，但是我懷疑自己是否有獨立生活和工作的能力。對我來說，最大的困難就是與人打交道。因為我不願意麻煩別人，總覺得這樣有些不好意思，所以在見到他人之前總是心情緊張，曾經都到了對方門口卻又折返了回去。我無法洞悉他人的心理想法，有些事別人能做的好，而我則做得很糟。我不喜歡接觸很多的人，我如果跟別人鬧翻了，就不知道該用什麼方法去解除這樣的困境……」

曾有人說：「我有時覺得自己太無能了。總是看到陌生人就不知如何開口。人家一問我事情，我立刻就臉紅，甚至連事先想好的話都說不出口了。」這不只是他一個人的問題，很多人在人際交往方面都存在這種障礙。

「與人交往」是一個汁甜味美的梨子，不過它並不是那麼容易摘到，很多人還沒有摘就先恐懼了。害怕與人交往，就盡量不去交往，而不去交往又無法鍛鍊自己的交往能力，缺乏能力使得自己更加害怕與人交往……這往往是一個惡性循環。

守護**心靈**的底線，讓心更開闊

自己能抓住的機會

　　小芹的個性很剛強，喜歡憑自己的實力去贏得成功。因此，她堅決迴避在工作上和熟識的人接觸，一是怕麻煩，二是覺得這樣總有些走後門的嫌疑。但是，一次應徵的經歷卻徹底改變了小芹的看法。

　　那是來台北的第２０天了，而她已經在網路上的人力銀行投遞了履歷整整二個星期，卻沒有一家公司通知她面試。

　　終於，她有機會參加了一家公司的面試。在會議室中，她發現在面試的人裡，有名的大學畢業生很多。當下小芹幾乎對這份工作不抱任何希望了，只是機械式和面試對方進行例行公事的聊上幾句。

　　這時，小芹從那位面試主管的國語中聽出了客家話腔。她靈機一動，想要抓住這個機會。於是，小芹調整了自己說話的

語音，還有意無意的「説」出了幾句客家話。

　　果然，這位面試的主管聽了神情大悦。在用客家話交談一番後得知，兩人居然還是同鄉，而且彼此住家還相距不遠。當下，這位面試的主管毫不考慮的就把這個職位留給了小芹這個一起在外打拼的同鄉 。

　　後來，小芹在這家公司做得很出色。因為業務能力強，不到三年，她就被提升為業務經理，職位還在當初面試她的那位主管之上。雖然現在小芹的職位已經大大高於他，但是她仍十分感激這位同鄉給了自己一個機會。

　　也正是從那時起，小芹不再抗拒人際關係在工作生活中的作用。有時，小芹甚至還會主動給同鄉的下屬或客戶一些特別的優惠。

守護**心靈的底線**，讓心更開闊

　　同鄉間有意無意的扶持和照顧，又何嘗不是一種新型人際關係的表現？良師益友、同學朋友、陌生人等，無一不是可以為己所用的人脈關係。

　　經營好自己的人脈，編織一個牢固龐大的人脈網絡，當你需要幫助時，就會有人向你伸出熱誠的雙手，給你一個可以依靠的肩膀。能積極與人交往，不也對自己是一件很好的事情嗎？

改變命運的小機遇

　　１７歲時，比爾・柯林頓的志願是當個音樂家。可是，當在白宮遇見了美國總統甘迺迪之後，柯林頓改變了志向：他決定放棄當音樂家的夢想，立志當一個政治家。從此，他的人生和事業方向改變了。甘迺迪在柯林頓的人生事業中發揮了非常大的作用。對甘迺迪的超級崇拜使得年少的柯林頓事事以甘迺迪為榜樣，最後終於入主白宮。如果沒有甘迺迪，美國也許就少了一位政治家，多了一個音樂家。甘迺迪是柯林頓步入政壇的關鍵人物。

　　一個小小的機遇，可以改變一個人的命運。人們往往習慣於表現自己所熟悉、所擅長的領域而安份待在自己的生活範圍內。但是不管是誰，如果想要突破現狀，首先要考慮的就是：「我想做什麼事？」「我想成為什麼樣的人？」

　　有了這種意識，才能集中精力，並運用過去積累的知識和經驗有所突破。走出樊籠，人生才會更加豐富多彩！

013

守護**心靈的底線**，讓心更開闊

最昂貴的學費

　　成功學大師安東尼‧羅賓的演講費是世界上最昂貴的，而他事業成功的原因，也是因為碰到了生命中的關鍵人物──吉米‧羅恩。

　　當年，安東尼‧羅賓因為沒有錢，上不起羅恩的培訓課，當時他請求羅恩，希望能將學費降低一點。羅恩卻拒絕的說：「如果你能夠找到這一筆上課的費用，這將會比我教你的任何成功方法都更為可貴，因為你在向不可能挑戰。」

　　羅恩的這番話，讓當時只有１７歲的羅賓跑了４３家銀行去借款，卻都因為他未成年，不具有獨立經濟能力，所以沒有一家銀行願意借錢給他。當羅賓拜訪了第４４家銀行老闆時，這位老闆被他的努力感動了，銀行家決定拿出１２００美元借給羅賓。

當羅賓上完了羅恩的成功課後，其潛能被充分的發掘了出來。在吉米‧羅恩的幫助下，羅賓也走上了研究成功學、幫助他人成功的道路。

當年如果沒有吉米‧羅恩的引導、幫助，羅賓可能只會成為美國眾多失業者中的一員。

困苦不是我們的「仇人」，而是恩人。當我們身陷困苦之中，可以激發我們潛在的才能，磨練我們克服挫折的能力。有了挫折才能堅強，才能攔阻並淘汰掉一切不如我們的競爭者。困苦如彈簧，你強它弱，你弱它強。

守護**心靈的底線**，讓心更開闊

不能錯的 作業

　　有位老師到一個偏遠山區的小學支援教學。在那兒，他翻看著學生的作業本，卻驚訝的發現每一本作業都寫得乾乾淨淨，幾乎看不見寫錯字的地方，更難找到塗鴉、塗抹的痕跡。這跟自己在城市裡看到的情形，形成了強烈的對比。因為在市區裡的中、小學生作業本中，隨處可見錯別字還有司空見慣的種種塗鴉、塗抹。

　　經過詢問，這位老師才明白了為什麼。

　　原來，山區裡的日子比較清苦，學生們往往沒錢買橡皮擦，就更不用說要買可塗改之類的用具。如果他們寫錯了字，要麼用手指沾著唾液去擦，但是那樣做，作業本上會出現一個黑窟窿；要麼乾脆撕掉重寫。前一種方法會把作業本弄得很髒，但是後一種方法又很浪費紙張。於是，逼得學生們從小養成了寫字認真、少出錯的好習慣。

而住在市區裡的孩子，已經習慣了各種修改工具要什麼有什麼，就算寫錯了，要修改也是毫不費力的。這樣時間一久，就產生了「錯了！改過來就好了嘛！」那種不以為然的心理，所以寫出來的作業，自然就容易發生錯誤。

造成錯誤的原因很多，除了其中不可避免的客觀原因外，最重要的一條主觀原因，就是「總給自己留後路」的心理在做怪。在做某件事時，不妨將自己的心態放到絕境上，這會幫你克服許多平時難以克服的困難。

守護**心靈的底線**，讓心更開闊

天使水池

在英國一個偏僻的小山村，有一個山洞，據説天使曾經在那裡住過。

山洞裡面有一池泉水，清澈透明，温熱適人，如果你在池水裡靜坐，虔誠的祈禱時就會出現奇蹟，這泉水就能治好你的各種疾病 。這流傳下來的傳説讓很多病人不遠千里而來。

有一天，幾個村民正坐在鐵匠舖前聊天。一個斷了一條腿的退伍軍人，拄著一根拐杖，慢慢的來到了這個小山村，引起了這幾個村民的注意。他們看到那個退伍軍人一臉疲憊樣子，便邀請他到鐵匠舖休息一下。這位退伍軍人想了一下，就走進了鐵匠舖和他們聊了起來。

這位退伍軍人告訴村民，自己是從幾十公里外的一個鎮上走來的，想到這個天使曾經在那裡住過的山洞裡去。有一個村

民忍不住問道：「你從那麼遠的地方來，是為了向上帝祈禱再給你一條腿嗎？」

退伍軍人說：「不，我不是要向上帝祈禱能有一條新腿，而是要求祂幫助我，讓我知道，在失去一條腿之後應該如何生活下去。」

在經歷了挫折和失敗的痛苦後，所要考慮的首要問題不應是怎樣避免它，而是要學會如何面對挫折和失敗所帶來的種種困境，有了豁達的心境、有了戰勝困境的勇氣，生活就不會是一團陰霾。

守護**心靈的底線**，讓心更開闊

沒有理由不**寬恕**他

　　二次世界大戰期間，有一支部隊在森林中與敵軍相遇發生激戰，最後兩名戰士與部隊失去了聯繫。他們是來自同一個小鎮的戰友。

　　兩人在森林中艱難跋涉，互相鼓勵、安慰。

　　10多天過去了，他們仍未與部隊聯繫上，不過幸運的是，他們獵到了一隻鹿，依靠鹿肉可以艱難度過幾天。

　　可是也許是因為戰爭的緣故，動物們四散奔逃或被殺光了，從這天以後他們再也沒碰到任何動物。而僅剩下的一些鹿肉，背在年輕戰士的身上。

　　有一天，他們在森林中遇到了敵人，雙方一陣槍戰後，兩人幸運的避開了敵人。就在他們以為自己已經安全時，卻傳出了一聲槍響，走在前面的年輕戰士身上中了一槍，幸虧槍傷在肩膀上，沒有危及他的生命。

後面的戰友惶恐的跑了過來，他害怕的語無倫次，抱起戰友的身體淚流不止，還趕緊把自己的衣服撕下來幫忙包紮戰友的傷口。

當晚，那位受傷的戰士與同伴無語的過了一個晚上。他們以為自己的生命即將結束，只想把生還的機會留給對方，所以身邊的鹿肉誰也沒動。

第二天，部隊終於救出了他們。

事隔３０年，那位受傷的戰士說：「其實，我知道當年是誰對我開了那一槍……因為當時在他抱住我時，我碰到了他發熱的槍管。向我開槍的人就是我的戰友……他去年過世了。其實當晚我就已經選擇寬恕他。我知道他想獨吞我身上帶的鹿肉活下去，但是我也知道他想活下去是為了他的母親。往後的３０年，我裝作沒有這件事，也從不曾提及。戰爭太殘酷了，

守護**心靈的底線**，讓心更開闊

他的母親還是沒有等到他回來。回國後，我和他一起祭拜了他的母親。當時他跪下來請求我原諒他，我阻止他，沒讓他繼續說下去。我們是朋友，我沒有理由不寬恕他。」

　　故事中的戰士能以德報怨，把傷害留給自己，讓自己的戰友獲得良心上的安寧，這是寬容的最高境界。現實中的許多人難以做到心胸寬廣，往往對一些小事斤斤計較，這種心態對一個人的成長和與別人交往都是十分不利的。

　　一個人能容忍別人的固執己見、自以為是、傲慢無禮、狂妄無知，卻很難容忍別人對自己的惡意誹謗和致命的傷害。能做到寬容的大，必定是有一種非凡的氣度和寬廣的胸懷。

如果你肯放手
就有機會選擇

 ## 給自己的束縛

　　一位猶太人，在納粹集中營裡受盡了折磨，待第二次大戰結束後，他死裡逃生，但是他的妻子和孩子卻早已不在人世了。當時犯了戰爭罪的納粹分子有的被處決，有的被監禁，還有的正在逃亡，警察在到處搜捕他們。

　　猶太人一想起在集中營裡發生過的事，就覺得寢食難安，憤恨難平，整天只想著要如何才能抓住那些逃跑的納粹分子，為自己所受的苦討回公道。

　　為此，他去拜訪另一位當時與他關在一起的難友。那位難友收回了被納粹分子搶佔的工廠，正天天忙著工作。

　　他問那位難友：「難道你忘了在集中營發生過的事情嗎？難道你已經原諒了那群殘暴的傢伙嗎？」

守護**心靈的底線**，讓心更開闊

「我並沒有忘記過去的種種苦難，但我已原諒了他們。」

「可是我一點都不能原諒他們，他們害得我家破人亡，現在想起來仍讓我咬牙切齒！如果看不到他們被處死，我是不會甘心的。」那位難友聽了之後，靜靜的說：「若是這樣，那他們仍然監禁著你。」

企圖報復別人就等於折磨自己。在充滿仇恨的心靈中，永遠不會有幸福的容身之地。如果別人傷害過你，何妨寬容的原諒他，將自己從怨恨的束縛中解脫出來，享受生命中美好的一切？

被騙的快樂

　　阿根廷著名的高爾夫球選手羅伯特・溫森多剛剛贏得了一場高爾夫球錦標賽。他在回家路上遇到了一個年輕的女子，這位年輕女子向他訴說了她的困境。她說她的孩子病得很重，也許會死去，但她卻不知如何支付那昂貴的醫藥費和住院費。

　　溫森多被她的故事深深打動，便拿出筆在剛贏來的支票上飛快的簽了名塞給那女子，並祝那可憐的孩子早日康復。

　　一個星期後，他遇到一位朋友問他，一週前是不是遇到一位自稱孩子病得很重的年輕女子。溫森多點頭之後，朋友很遺憾的對他說：「這對你是個壞消息，那個女人其實是個騙子，她根本就沒有什麼病得很重的孩子，她甚至還沒結婚呢！」

　　溫森多：「你是說，根本就沒有一個小孩子病得快要死了？」

守護*心靈的底線*，讓心更開闊

朋友回答道：「是的，根本沒有，你被人騙了。」

溫森多聽了長吁了一口氣說：「這真是我這一星期來所聽到最好的消息。」

充滿愛心的人往往比別人能享受更大的幸福，因為他們有個幸福的來源：自己的幸福、別人的快樂，還有自己對別人的付出。

另類的報仇

　　有一個人很不滿意自己的工作，他忿恨的對朋友說：「我的長官一點也不把我放在眼裡，改天我要對他拍桌子、甩文件，然後辭職不幹！」

　　「你對這家貿易公司運作方式完全弄清楚了嗎？對於他們做國際貿易的竅門完全弄懂了嗎？」他的朋友反問。

　　「沒有！」

　　「君子報仇十年不晚，我建議你好好的把他們的一切貿易技巧，商業文書和公司組織完全弄懂，最好是連怎麼修理影印機小故障的方法都學會再辭職不幹。」

　　他的朋友建議，「你用公司當做是免費學習的地方，什麼東西都弄懂之後，再一走了之。看看他們絕對沒辦法找到像你這樣優秀的員工，不是既出了氣，又有許多收穫嗎？」

守護**心靈的底線**，讓心更開闊

　　那人聽從了朋友的建議，從此便默記偷學，甚至下班之後，還留在辦公室研究書寫商業文書的方法。一年之後，那位朋友偶然遇到他⋯⋯

　　「你現在大概多半都學會了，可以準備拍桌子不幹了吧！」

　　「那是之前。我發現這一年來，老闆對我是刮目相看，最近更對我委以重任，又是升官、又是加薪，現在我已經成為公司的紅人了！」

　　「君子報仇，十年不晚」，所有的「江湖俠士」都會這麼說。可是又有什麼樣的怨恨會經得起十年的等待呢？也許十年過後，你會忽然發覺：所謂的仇，又是多麼渺小和不值一提的事情啊！

美麗的誤會

在一家餐館里，一位老太太買了一碗湯，在餐桌前坐下，突然想起忘記取麵包。她起身取回麵包，又返回餐桌。然而令她驚訝的是，自己的座位上坐著一位黑皮膚的男子，正在喝自己的那碗湯。「這個無賴，他無權喝我的湯！」老太太氣呼呼的想著。

但是轉念一想「可是，也許他太窮太餓了。我還是不要出聲好了。不過，也不能讓他一人把湯全喝了。」於是老太太裝著若無其事的樣子，與黑人同桌面對面的坐下，拿起了湯匙，一聲不響的喝起了湯。就這樣，一碗湯被兩個人共同喝著，你喝一口，我喝一口。兩個人互相看著，都默默無語。這時，黑人突然站起身，端來一大盤麵條，放在老太太面前，麵條上插著兩把叉子。

兩個人繼續吃著，吃完後各自起身，準備離去。

「再見。」老太太友好的說。

守護心靈的底線，讓心更開闊

「再見。」黑人也熱情的回答，但是他的表情卻顯得特別愉快，感到非常欣慰。因為他認為今天做了一件好事，幫助了一位窮困的老人。黑人走後，老太太這才發現，旁邊的一張飯桌上，放著一碗沒人喝的湯，正是她自己原來的那一碗。

生活中常能看到有些人為了芝麻綠豆般的小事，彼此鬧得不可開交。如果為這些小事整天秋眉苦臉，耿耿於懷，不但對自己的身心不健康，還會影響正常生活。

生活總是這樣紛繁複雜，人與人之間的誤會、隔閡，乃至怨恨等等，時常都會發生。但是只要遇到事情時，多為他人想一想，就不會被暫時的煩惱所困擾，只要互諒互讓，誤會、怨恨也能變成令人感動和懷念的往事。

為什麼下水道
的蓋子是圓的

在微軟，每一次面試通常都會有多位微軟的員工參與。每
一位員工都要事先分配好任務，有的會對面試者出智力方面的
問題，有的會考考面試者臨場反應的速度，有的會測試來面試
者的創造力及獨立思想能力，或是考察面試者與人相處的能力
及團隊精神，有的專家則會深入的詢問面試者研究領域或開發
能力的問題。

面試時，他們問的問題也都是特別有創意的。例如，測試
獨立思考和善於求變能力時，他們會問面試者這一類的問題：
為什麼下水道的蓋子是圓的？這個城市中，共有多少加油站？

微軟的這些考題並沒有一定的標準答案，也不是故意為難
應徵者，而是用來測試每一個人的思維和獨立思考方式。這類
題目每個人都可以做，但要做好它卻非常不容易，而且這類題
目事先也是無法準備的，所以不但可以測試出一個人邏輯思維

守護**心靈的底線**，讓心更開闊

的能力，解決問題的能力，也可以測出善於求變的能力。因為能有這樣「創造力」的人，在遇到工作困難和瓶頸時，是不輕言放棄，更可以跳脫思緒的捆索，超越慣性的思維。這種人能將這種精神用在新產品的研發上，也會更有新點子，在工作中享受「山重水復疑無路，柳暗花明又一村」的樂趣。

現在許多企業很喜歡把「創新能力」或「創造性思考力」列為企業全體員工的核心職能需求。這樣的核心職能需求，正表示期待員工發揮「創造力」。不斷求變是很重要的，懂得變通的人才能夠成功。我們應該在學習和生活中不斷求變，接受新的東西。善於求變是與思考密不可分的，也許你會有突然的靈光一現，但這畢竟不會是常有的事，而思考則是求變的基礎。讓你的大腦始終處於思考的狀態，才能訓練思維獨闢蹊徑。

如果你肯放手 就有機會選擇

斷掉的琴弦

在巴黎的一場音樂會上，著名音樂家歐爾‧布里在演奏小提琴時，小提琴Ａ弦突然斷了，他馬上用了另外的３根弦繼續演奏，所以整場音樂會依然圓滿結束，天衣無縫。

當音樂會結束謝幕時，歐爾‧布里揚起那把斷了弦的小提琴，全場更是響起了如雷掌聲。如果當時歐爾‧布里墨守成規，不知靈活求變，那麼整場音樂會絕對不會那麼完美。而靈活的求變，也使得他贏得了比以往更熱烈的掌聲。

如果不勤於思考，安於現狀，或凡事照搬別人的經驗，遇到挫折與困難時坐等待「援兵」，那麼在學習和工作中就無法主動無法達到目標，也就無法超越別人。養成了獨立思考的習慣，是非常重要的。善於求變，還要學會打破思維定式。在以後的生活中，會出現許多無法透過正常思維方式來解決的問題，即使能夠解決，也會因為耽誤大量的時間而降低效率。善於求變是提高效率的最佳選擇。

守護**心靈的底線**，讓心更開闊

讓人跌破眼鏡的
公關「老太太」

　　在一次舉辦的化妝品交易會上，一百多家企業都爭相聘請年輕漂亮的小姐進行促銷宣傳活動，會場儼然成了一次規模盛大的選美比賽。但是其中有一家牙刷工廠卻反其道而行，他們邀請一位公關「老太太」來進行保健牙刷促銷宣傳。沒想到，保健牙刷一下子成了熱銷產品，一個下午就成交了１８０萬支牙刷。這樣成功的宣傳方式，留給其他商家的是一種莫名其妙的驚詫。

　　善於靈活求變的人，往往能得到滿意的成績，在商業競爭中往往也會出奇制勝。善於求變，就是要改變定勢思維。善於求變的人，能夠使難成之事心想事成，從而讓自己的人生旅途處處順心；能夠在緊要關頭化險為夷，進而讓自己在社交中事事如意。

種出善的果實

　　美國數字設備公司總經理奧爾森是美國大名鼎鼎的人物，曾被美國《幸福》雜誌評為「美國最成功的企業家」。

　　他的父親奧斯瓦爾德是一個沒有大學文憑的工程師，擁有幾項專利，後來成為一名推銷員。

　　有一次，一位顧客想從奧斯瓦爾德的手中購買他推銷的機器，但奧斯瓦爾德發現，這位顧客並不是真正需要這台機器，於是他極力勸阻這位顧客不要購買。

　　此事讓他的老闆火冒三丈，但是這件事卻為奧斯瓦爾德贏得了好名聲。同時，奧斯瓦爾德的誠信品德也給了３個兒子很大的影響。奧爾森本人在為人處世上就秉承了父親的優點：辦事講原則，合作誠信，在員工和商業夥伴中擁有非常好的口碑。

守護**心靈的底線**，讓心更開闊

　　與人為善，也就是與己為善。父親奧斯瓦爾德盡其一生來推銷誠信，同時也在 3 個兒子的心中種下了誠信，其結果是別人也用誠信回報了他們。這是一種「共贏思維」，在施與他人利益的同時，自己也得到利益的回報。

　　「共贏思維」的基礎是施與，施與是要付出代價的，一如奧斯瓦爾德極力勸阻一位並不真正需要他推銷的機器的顧客，不要購買一樣，他施與誠信，雖然造成了經濟利益上的損失，但是顧客避免了經濟損失。「共贏思維」的結果是獲得，他獲得了好名聲，更重要的是他獲得了 3 個也講誠信的兒子。

　　你希望別人怎麼對待你，你就怎麼去對待別人。真誠和美好，是相互的，撒出善的種子，就會收穫善的果實。

微軟的 幸運

多年前,當今世界首富比爾‧蓋茲註冊的微軟公司還幾乎無人知曉,與當時的電腦業大亨ＩＢＭ相比,微軟簡直不值一提。但是比爾‧蓋茲認為系統軟體將越來越重要,於是,他組織人員日夜奮戰終於研製出了自己的操作系統──ＭＳＤＯＳ系統。

在當時,微軟公司力小利薄,根本無法完成自己的抱負向社會推出這項產品。這時,比爾‧蓋茲想到了ＩＢＭ。雙方合作的基礎首先是對雙方都有價值,而且是對方急切需要的一種價值。因此,合作的實質也就成了「你為我用,我為你用」。在當時,ＩＢＭ想向個人電腦方向發展,但它必須有合作夥伴,ＩＢＭ雖然十分強大,但要完成此項開發,軟體上仍需合作。

剛好,微軟公司在軟體開發方面的小有名氣和成果也是具

守護**心靈的底線**，讓心更開闊

有一定優勢的。這樣，二者一拍即合。於是新聞報紙上登出一條經典的新聞：當藍色巨人（ＩＢＭ）下山摘桃子的時候，微軟幸運地搭上了這班車。

透過與電腦業巨人ＩＢＭ的成功合作，微軟挖到了自己至關重要的一桶金。正是這桶金成就了微軟後來的輝煌。微軟與ＩＢＭ的合作，詮釋了弱者透過與強者合作走上成功之路的道理。

優劣是在比較中得以顯現的，而補人之劣、揚我之優的一舉兩得就是共贏的大智慧。得此智慧方得天下。這種補人之短、揚我之長、互利互惠的智慧，使兩種生物都能頑強的生存，獲得共贏效果。共贏的智慧使得這對合作夥伴在激烈的競爭之中立於不敗之地。

2 + 5 = 1 0 0 0 0

有一次，老師走上講台，先在黑板上寫了一道算術題：2＋5＝？

然後，老師問道：「大家誰知道2加5等於多少？」學生們有點疑惑不解的回答：「等於7嘛！」

老師說：「不錯，在數學領域裡，2＋5＝7，這是天經地義的。但是，在藝術領域裡，2＋5＝10000也是可能的。」

說到這裡，他拿出一幅題為《萬里馳騁》的國畫讓學生們欣賞。

只見畫面上突出的畫了兩匹奔跑的馬，而在這兩匹馬後面又錯落有致、大小不一的畫了五匹馬，這五匹馬後面便是許多影影綽綽的小黑點了。

守護**心靈的底線**，讓心更開闊

　　老師指著畫說：「從整個畫面的形象看，只有前後７匹馬，然而，凡是看過這幅畫的人，都能感受到這裡有萬馬奔騰，這難道不是２＋５＝１００００嗎？」

　　如果一個人不能與人真誠合作，他就不可能成功。所以，我們要想取得成功，就必須學會與人合作。一個人學習好，考試取得好的成績靠的是智商，而一個人要在社會上站住腳，取得事業的成功，還需要情商，靠的是能力。「學會與人合作」就是人生存的最重要、最基本的能力。

交換思想

蕭伯納說：「你有一個蘋果，我有一個蘋果，彼此交換，每個人只有一個蘋果。你有一種思想，我有一種思想，彼此交換，每個人就有了兩種思想。」

學會與人合作，就要懂得在完成一項任務時要與別人協商，與別人交換思想。

協商並不是聽一個人的意見就行了，而是大家都要拿出好主意，然後選擇最好的；合作也並不是某一個人做完就行了，而是大家各有分工，同時要互相配合，這樣才能共同完成一件任務。

就像人的１０個手指頭一樣，各有各的功能，同時又必須合作才能抓握起東西。

守護**心靈的底線**，讓心更開闊

　　真正取得競爭優勢的人首先是一個懂得合作的人，完全靠單槍匹馬穩操勝券的人並不是經常出現的，因為我們處在一個專業分工精細而又合作共處的時代。

　　因此我們需要培養自己與他人合作的能力，實現共贏，才能為將來拓展自己的人生舞台打好基礎。

跛腳的 小狗

一家寵物店在店門口上釘了一個廣告,上面寫著「小狗出售」。這廣告馬上吸引住孩子們的目光,一名小男孩出現在店家的廣告牌下。

「請問小狗要賣多少錢呢?」他問道。

「三十至五十美元不等。」店主説。

這個小男孩將手伸入口袋掏出一些零錢。「我有兩塊三角七分,請您允許我看看牠們,好嗎?」

店主笑了笑,向店內的人招招手,一名負責管理狗舍的女士便跑了出來,而她身後正跟著五隻毛茸茸的小狗,但是其中有一隻,卻遠遠地落在後面。

守護**心靈的底線**，讓心更開闊

這名小男孩注視著那隻落在後面一跛一跛的小狗：「那隻小狗怎麼了？」

店主解釋說：那隻小狗因為腿部有缺陷，所以只能一拐一拐地走路。

小男孩說：「就是那隻小狗，我要買牠。」

店主說：「如果你真的要養牠，你用不著花錢，我可以把牠送給你。」

小男孩聽了十分氣憤，他看著店主說：「我不需要你把牠送給我，那隻狗和其他的狗價值是一樣的，我會付你全部的錢。雖然我現在只能先付兩塊三角七分，但是以後每個月我可以付你五角，直到付完為止。」

店主勸說道：「你真的要買這隻狗？但是牠根本不能像別的狗那樣又蹦又跳地陪你玩啊。」

聽到這句話，小男孩彎下腰，捲起褲腿，露出他一條嚴重

畸形的腿。他的左腿是跛的，還靠著一個大大的金屬支架撐著。小男孩看著店主輕聲說道：「沒關係，我自己也跑不好，那隻小狗需要有一個能理解牠的朋友。」

　　人或者動物都渴望被理解。可很多時候，現實卻阻礙了我們的溝通，尤其是對於那些處於不幸中的人，我們以為予以同情就夠了，其實他們更需要的是理解，需要我們的尊重和平等對待。

守護**心靈的底線**，讓心更開闊

精神上的**富翁**

　　一對夫婦十五歲的兒子得了一種惡性皮膚病。夫妻倆借了所有能借到的錢，帶著兒子到處去看病。

　　母親陪著兒子治療，在寒冷的冬天，兒子睡在病床上，母親就躺在一旁的冰冷躺椅上陪著他。陪兒子住院的那幾十天裏，她沒有一天能安穩的睡好覺。母子倆吃的都是從家裡帶來的麵包，醫生們實在看不下去，所以午餐的時候，總會幫他們準備兩份牛排送給他們，而母親卻依舊吃冷麵包，把牛排留給兒子。

　　兒子的病情不斷惡化，醫生告訴母親：「這孩子的病恐怕是治不好了，要維持暫時的生命也需要花很多的錢。」

　　母親聽完，回到病房默默的收拾行李，然後平靜的對孩子說：「我們回家吧。」說完，母子倆抱頭痛哭了一整夜。

後來，這孩子不幸的遭遇被媒體報導了。好心的人們紛紛捐款，連學校的孩子們也將自己的零用錢捐出來，希望能留住他的生命，然而孩子還是死了。但是孩子在離開人世之前，把能夠知道姓名的好心人一個一個的記在筆記本上。

他告訴父母：「我不想死，但是我沒有辦法留下來。我死後，請爸、媽一定把這些錢還給人家。」

孩子走了，走的時候臉上帶著微笑，像睡著的樣子。

埋葬了孩子，這對可憐的父母顯得蒼老許多。雖然家裡已是空蕩蕩的，連生活都成問題，但是他們並沒有忘記孩子的遺願。夫妻倆變賣了家產，踏著積雪，敲開那一扇扇門，把錢一筆一筆的退給了那些曾經幫助過他們的人，並對那些好心人說：「孩子已經走了，非常感謝你們的幫忙。」

人們拒絕接受，夫妻紅著眼眶說：「這是孩子的遺願！」聽完，人們只好含著淚水收下。可是，其它沒有具名而無法退

守護**心靈的底線**，讓心更開闊

回的錢呢？思考過後，夫妻決定成立了一個基金，並用這些錢來幫助其它貧苦的家庭。

　　其實，這對夫妻也是需要錢的。然而，他們卻選擇幫助那些更需要幫助的人們。

　　為什麼最需要得到金錢和幫助的人，卻那麼慷慨的建立一個基金？在高度物質化的社會裡，又有幾個人能堅守這心靈的底線；在物欲橫流的今天，哪裡還留存著人類最後的良知？對照他們在精神上是窮人還是富翁，你的回答是什麼？

第二章

選擇自己的道路，是最基本的權利

卡耐基說：「一個人的成功因素很多，而屬於這些因素之首的就是熱情。沒有它不論你有什麼能力都發揮不出來。」沒有熱情，荒野不可能變成田園，雕塑不可能栩栩如生，音樂不可能扣人心弦，詩歌不可能膾炙人口，人類不可能主宰自然。

熱情是動力，沒有熱情就不可能把事情做好；沒有熱情，就沒有信心和勇氣。熱情在讓你以飽滿的情緒去生活的同時，也可以為你帶來很大的利益，讓你離自己定義的成功越來越近。熱情像燃燒的火炬，能照亮壯麗的人生；像鼓滿的風帆，能開闢事業的道路；熱情如香醇的美酒，能增添生活的樂趣；也似金色的陽光，能給人如沐春天般的溫暖。

選擇自己的道路，
是最基本的權利

墨池的形成

　　古代著名的書法家王羲之，他從小就對書法特別感興趣，所以，對於在別人看來非常辛苦地練字過程，他卻充滿熱情，積極刻苦地練習，從來不覺得累。

　　王羲之家的旁邊有一個小水池。每次練完字之後，他就到這個水池裡洗毛筆和硯台。日復一日，年復一年，小水池的水都變黑了，變成了像墨汁一樣的顏色，人們就把這個小水池叫做「墨池」。長大以後，王羲之的字已經寫得很好了，可他還是熱情不減，仍然堅持每天練字。

　　有一天，他聚精會神的在書房練字，練的連吃飯這件事都忘了。丫鬟送來了他最愛吃的蒜泥和饅饅，催著他吃，他卻好像沒聽見一樣還是埋頭寫字。丫鬟沒有辦法，只好去告訴他的夫人。當夫人和丫鬟來到書房的時候，看見王羲之正拿著一個

沾滿墨汁的饅饅往嘴裡送，弄得滿嘴烏黑時，她們忍不住笑出了聲。原來，王羲之邊吃東西邊練字，因為眼睛老是盯著字看，所以錯把墨汁當成蒜泥沾了。

　　這雖然是鬧了笑話，但足以說明王羲之對書法的熱愛是達到了何等深厚的程度。如果沒有對書法的濃厚興趣，這種熱情是無法想像的。

　　興趣是最好的老師。要想對一件事物或從事的活動產生熱情、走向成功，首先就應該培養對這個事物或活動的強烈興趣，否則，要想堅持不懈、有所成就是非常困難的。

選擇自己的道路，
是最基本的權利

巴哈的故事

　　德國著名作曲家巴哈，從小就對音樂產生了強烈的熱愛，他１０歲就成了孤兒，生活非常艱難。

　　但無論在何種困境下，他對音樂的激情從來沒有減少過。年幼的巴哈在父母去世後被帶到他哥哥家裡。他這個哥哥在附近城鎮裡當風琴師。巴哈一邊上學，一邊跟他哥哥學習音樂。那時，印刷或雕刻的樂譜非常少而且很貴，買不起樂譜的音樂家只好自己用手抄譜。巴哈的哥哥曾抄過一本當時最有名的作曲家音樂作品的手稿，這本珍貴的樂譜被哥哥鎖在書櫃裡。

　　巴哈非常渴望學習其中的音樂，可是他哥哥卻說他太小，還欣賞不了它。哥哥的這些話，讓對喜愛音樂的小巴哈做出了一個大膽的行為。在每一個有月亮的夜裡，巴哈就踮著腳尖悄悄的走到書櫃那，設法把那手抄本從鐵櫃裡小心的拿出來，也

小心的不讓書在翻頁時發出聲響，以免驚醒了家人。巴哈一個人在暗淡的月光下，低頭伏在那些小音符上，動手把它抄下來。樂譜是非常複雜、精細的，抄起來需要極大的耐心和毅力。小巴哈一共花了６個月時間，只憑藉著月光抄完了這本樂譜。如果沒有對於音樂的龐大熱情，這樣艱巨的工作對於一個小孩子來說是不可想像的。所以後人認為巴哈晚年雙目失明，就是由於他小時候那段在月光下抄譜的歲月，讓眼睛累壞了所致。

在巴哈１５歲時，因他哥哥家孩子太多，生活難以為繼，所以巴哈不得不到別處去為自己謀生。他和一個名叫喬治・埃爾得曼的朋友依靠步行走了２００英里，來到利納堡。在那裡，他們在聖・邁克爾學校的合唱班當職業歌手，維持自己的基本生活。不久以後，巴哈的嗓子變了聲，不能再唱高音部了，但是他當上了排練時的伴奏員，並進入了市鎮管絃樂隊，在新年節日裡走街串巷的演奏。

選擇自己的道路，
是最基本的權利

後來，他又成為薩克斯威瑪公爵的管絃樂隊裡的小提琴手。在為生計奔波的辛苦日子裡，年輕的巴哈從來沒有退縮過，他在謀生的同時，也在不斷鍛煉著自己的音樂修養。

這期間，巴哈主動的去學習所有能找到的優秀音樂，聽遍國內所有的優秀音樂家的演奏。

他經常到漢堡這個大城市去聽歌劇和著名風琴師的演奏。由於他沒有錢坐馬車，只好步行，穿過漫長的草地、樹林和道路，常常讓他是累得腰痠腳痛。

但是在這艱難的歲月裡，巴哈對音樂的激情卻始終如一，這也讓他後來的作品注入了更加感人至深的力量。正是這種激情幫助他克服了種種困難，始終堅持在音樂的道路上走下去，最終成為一代名家，被譽為「西方音樂之父」。

　　格倫‧古爾德曾對巴哈的音樂讚道：「我實在想不出還有誰的音樂能如此包羅萬象，如此深刻的感動我。」

　　通往成功的路是艱辛的。在這條路上跋涉，有的人半途而廢、終生潦倒；有的人忍受磨難，戰勝了艱難險阻，最終到達了自己的目標。這些成功之人必定付出了比常人更多的汗水與努力，而支撐他們走下去的動力便是對自己所做的事有不滅的激情。

　　美國成功學大師拿破侖‧希爾的母親曾說過：「世界從來就有美麗和興奮存在，她本身就是如此動人、如此令人神往，所以，你必須要對她敏感，永遠不要讓自己感覺遲鈍、嗅覺不靈，永遠不要讓自己失去那份應有的熱情。」

選擇自己的道路，
是最基本的權利

興趣與熱情

　　著名的美籍華裔學者丁肇中教授曾經深有感觸的說：「任何科學研究，最重要的是要看對自己所從事的工作有沒有興趣，換句話說，也就是有沒有事業心，這不能有任何強迫。……在做物理實驗時，因為有興趣，我可以兩天兩夜、甚至三天三夜都待在實驗室裡，守在儀器旁，我急切的希望發現我所要探索的東西。」

　　正是對物理的濃厚興趣，才使丁肇中始終保持了對物理實驗的熱情，最終取得了事業上的成功。

　　有了熱情，就有了生活和堅持下去的勇氣，這是戰勝一切艱難險阻的基礎，更是邁向成功的第一步。

　　生活中處處都有奧妙之處，許多著名的科學家都是由對某

個事物或現象的好奇而產生了探索的願望，最終為科學發展作

出了偉大的貢獻。

　　興趣產生於好奇，而好奇心是興趣的起點。因為好奇，才

希望去探索，才需要去發現。一旦失去了好奇，就失去了探索

的動力。人們如果對某種事物充滿好奇，在這種好奇心的驅使

下，人們就會主動的去探索、去學習，發揮自己的潛能。

選擇自己的道路，
是最基本的權利

飛上天空的奇蹟

　　１８７７年聖誕節，萊特兄弟的爸爸送給兄弟倆一件特殊的聖誕禮物，一個螺旋槳。當爸爸告訴他們，這個模樣奇怪的東西可以在天空飛行，兄弟倆是不太相信的。為了消除兄弟倆的懷疑，爸爸當場做了表演。只見他先把上面的橡皮筋轉好，一鬆手，它就發出嗚嗚的聲音，向空中高高的飛去。這時兄弟倆這才相信，原來人工製造的東西也是可以飛上天的。從這以後，在他們幼小的心靈裡，就萌發了一個願望，那就是要製造出一種能飛上藍天的飛行器。

　　１８９６年，萊特兄弟在報紙上看到一條消息：德國的滑翔機之父——李林塔爾因駕駛滑翔機失事身亡。這個消息對他們震撼很大，弟兄倆決定開始研究空中飛行。萊特兄弟開了一家自行車店。他們一邊工作賺錢，一邊研究飛行的資料。三年後，他們掌握了大量有關航空方面的知識，決定仿製一架滑翔

機。１９００年１０月，萊特兄弟終於製成了他們第一架滑翔機。由哥哥威爾伯坐上去進行試驗，滑翔機雖然飛了起來，但飛行高度卻只有１公尺多。第二年，兄弟倆經過多次改良，又製成了一架滑翔機，飛行高度已經達到１８０公尺。兄弟倆非常高興，但並不滿足。他們想著，是否可以製造一種不用風力也能飛行的機器？

　　有一天，兄弟倆靈機一動，想到可以用汽車的發動機來推動飛行。經過無數次的試驗，他們將一個１２馬力、重量只有７０公斤的汽油發動機安裝在了滑翔機上。１９０３年９月，這架裝有發動機的滑翔機試飛失敗了，但萊特兄弟仍堅持改進和試飛。

　　１９０３年１２月１７日，天空烏雲密佈，寒風刺骨。被兄弟倆邀來觀看飛行的農民凍得直打寒顫，一再催促兄弟倆快點飛行。這次將由弟弟奧維爾試飛，只見他爬上飛機，伏臥在駕駛位上。一會兒，發動機開始轟鳴，螺旋槳也開始轉動。飛

選擇自己的道路，
是最基本的權利

機滑動起來，一下子就升到 3 公尺多高，隨即水平的向前飛去。「飛起來了！真的飛起來了！」好幾個農民高興的歡呼起來，並且隨著威爾伯在飛機後面追趕著。飛機飛行了３０公尺後，跌跌撞撞著陸了。威爾伯衝上前去，激動的撲到剛從飛機裡爬出來的弟弟身上，熱淚盈眶的喊著：「我們成功了！我們成功了！」

４５分鐘後，威爾伯又飛行了一次，這次飛行距離是５２公尺，又過了一段時間，奧維爾又一次飛行，這次飛行了５９秒，距離達到２５５公尺。這是人類歷史上第一次駕駛飛機飛行成功！從這以後，飛機便成了人類又一種重要的運輸工具。

正是這種百折不撓的勇氣和不懈探索的精神，人類航空事業因此得到了不斷的發展。後來，熱氣球、飛艇、飛機的相繼問世，使人類的飛行夢想終於成真，這就是熱情的力量。熱情

的英文「ENTHUSIASM」是古老的希臘字「神」（THEOS）與「內心」（ENTOS）結合，代表「內心的神靈」，說穿了就是一種生命信仰。因為信仰能激發正面思考，不容易隨著環境變化而妥協，他能換一個角度看待，並且相信自己。熱情能提供前進的動力、堅持的勇氣，還能直接轉化為巨大的力量，創造出令人驚歎的奇蹟。對所事情專注的熱情，將賦予這件事本身以美麗的色彩和獨特的意義，從而激發起人們的智慧、信仰和創造力，奇蹟就誕生在這種奇幻的氛圍裡。

熱情讓我們為行動賦予了無往不勝的信仰，讓我們能夠始終堅定不移地朝著夢想前進，並最終創造奇蹟。夢想奇蹟、相信奇蹟能夠通過努力而實現是很重要的。有熱烈的夢想，才會有努力的方向和動力。

選擇自己的道路，
是最基本的權利

不及格的志願

蒙提在募款活動致詞中説：「我想跟大家説個故事。有個小男孩，因為他的父親是位馬術師，所以從小他就必須跟著父親東奔西跑，到處去訓練馬匹。由於經常四處奔波，讓男孩的求學過程並不順利。初中時，有次作文題目是『長大後的志願』。

「那晚他洋洋灑灑寫了七張紙，描述他的偉大志願，那就是想擁有一座屬於自己的牧馬農場，並且還仔細畫了一張二百畝農場的設計圖，上面標著馬廄、跑道等位置，然後在這一大片農場中央，還要建造一棟占地四千平方英尺的豪宅……他花了好大心血把報告完成，第二天交給了老師。兩天後他拿回了報告，第一頁上打了一個又紅又大的Ｆ（不及格），旁邊還寫著一行字：下課後來找我。」

下課後他帶著報告去找老師：「為什麼給我不及格？」

老師回答道：「你年紀輕輕，不要老是作白日夢。你沒

錢，沒家庭背景，什麼都沒有。想蓋座農場是非常花錢的；你要花錢買地、花錢買純種馬匹、花錢照顧牠們。你別太好高騖遠了。」

老師接著又說：「你如果肯重寫一個比較不離譜的志願，我會重打你的分數。」

男孩子回家後反覆思量了好久，然後徵詢父親的意見。父親只是告訴他：「兒子，這是非常重要的決定，你必須自己拿定主意。」男孩再三考慮好幾天後，他決定原稿交回，一個字都不改。

他告訴老師：「即使拿個大紅字，我也不願放棄夢想。」

蒙提此時向眾人說：「我提起這故事，是因為各位現在就待在二百畝農場內，坐在占地四千平方英尺的豪華住宅中。那份初中時寫的報告，我至今還留著。」

他頓了一下又說：「兩年前的夏天，那位老師還帶了三十

選擇自己的道路，
是最基本的權利

個學生來我的農場露營一星期。離開之前，他對我說：『說來有些慚愧。你讀中學時，我曾潑過你的冷水。這些年來，我也對不少學生說過相同的話。幸虧你有這個毅力堅持自己的夢想。』」

在日常生活中我們不論做什麼事，相信自己，別讓別人的一句話將自己擊倒。追隨自己的夢想，努力把自己的夢想化作現實。要記住，在生命中永遠不要放棄自己的追求，努力向前。有堅定的信念，才有持久的熱情。信念的力量在於即使身處逆境，亦能幫助你揚起前進的風帆；信念的偉大在於即使遭遇不幸，亦能召喚你鼓起生活的勇氣。信念，是蘊藏在心中的一團永不熄滅的火焰，是保證一生追求目標成功的內在驅動力。信念的最大價值，是支撐人對美好事物追求。

如果你肯放手，就有機會選擇

成功的位置

邁克在求學方面一直遭遇失敗與打擊，高中還沒畢業時，校長對他的母親說：「邁克或許並不適合讀書，他的理解能力差得讓人無法接受。他甚至弄不清楚兩位數以上的計算。」母親聽了很傷心，她把邁克帶回家，準備靠自己的力量把他培育成材。可是，邁克對讀書不感興趣，但是為了安慰母親，他也試著努力學習，但還不行，他怎麼也記不住那些需要記憶的知識。有一天，當邁克路過一家正在裝修的超市時他發現，有一個人正在超市門前雕刻一件藝術品，邁克產生了興趣，他湊上前去，好奇而又用心的觀賞了起來。

不久，母親發現邁克只要看到什麼材料，包括木頭、石頭等，必定會認真很有耐心，而且很仔細的按照自己的想法去打磨和塑造它，直到它的形狀讓他滿意為止。母親很擔心，因為她不希望他做這些東西而耽誤學習。

選擇自己的道路，
　　　是最基本的權利

　　邁克不得不聽從母親的吩咐繼續讀書，但同時又從不放棄自己的愛好，他一直想做得更好。邁克最終還是讓母親徹底失望了，依他的成績看來，沒有一所大學肯錄取他，哪怕是本地並不出名的學院。最後母親對邁克說：「你去走自己的路吧，沒有人能再對你負責，因為你已經長大了！」

　　邁克知道在母親眼中他是一個徹底的失敗者，他很難過，決定遠走他鄉去尋找自己的事業。許多年後，市政府為了紀念一位名人，決定在市政府門前的廣場上放置一尊名人的雕像。眾多的雕塑大師紛紛獻上自己的作品，期望自己的大名能與名人同時刻在雕像上，因為這將是難得的榮耀和成功。最後，一位遠道而來的雕塑師獲得了市政府及專家的認可。

　　在開幕式上，這位雕塑大師說：「我想把這座雕塑獻給我的母親，因為我讀書時沒有獲得她期望中的成功，我的失敗令

她傷心失望。但是現在我可以告訴她，大學裏沒有我的位置，但生活中總會有我一個位置，而且是成功的位置。我想對母親說的是，希望今天的我，至少不會讓她再次失望。」這個人就是邁克。在人群中，邁克的母親喜極而泣。她終於知道邁克並不笨，當年只是她沒有把他放對位置而已。

　　唯有自己才知道自己真正想做什麼，適合做什麼，能做成什麼。選擇自己的道路，是你最基本的權利。不要去走那些擁擠的道路，換條捷徑我們可能會更快地走向成功。但是過程中等待的耐心是磨煉出來的，越是在困難的環境中，越能鍛煉你的耐心。也要鼓勵自己「做事不能半途而廢，要做好一件事一定經過努力才行」。在自己經過努力完成一件事後，給自己一個獎賞，讓自己更有動力向前邁進。

選擇自己的道路，
是最基本的權利

一聲真誠的問候

猶太人西蒙·史佩拉傳教士，每日習慣在鄉村的田野中散步。無論是誰，只要經過他的身邊，他就會熱情的向他們打招呼問好。

其中有個叫米勒的農夫是他每天打招呼的對象之一。米勒的農田位在小鎮的邊緣，史佩拉每天經過時都看到他在田裡勤奮的工作。然後這位傳教士總會向他說：「早安，米勒先生。」當傳教士第一次向米勒道早安時，這個農夫只是轉過身去，毫無反應。當時在這個小鄉鎮裡，猶太人和當地的居民處得並不太好，能成為朋友的更是絕無僅有。不過這並沒有妨礙或打消史佩拉傳教士的勇氣和決心。

日子一天一天過去，他持續以溫暖的笑容和熱情的聲音向米勒打招呼。終於有一天，農夫向傳教士舉舉帽子示意，臉上也第一次露出笑容。

這樣的習慣持續了好多年，每天早上，史佩拉都會高聲的

說：「早安，米勒先生。」那位農夫也會舉舉帽子，高聲的回答道：「早安，西蒙先生。」

　　這樣的習慣一直延續到納粹黨上臺為止。史佩拉全家與村子裡所有的猶太人都被集合起來送往集中營。史佩拉被換了一個又一個的集中營，直到他來到最後一個位於奧斯維辛的集中營。從火車上被趕下來之後，他就等在長長的行列之中，靜待發落。在行列的尾端，史佩拉遠遠的就看出來營區的指揮官拿著指揮棒一會兒向左指，一會兒向右指。他知道被發派到左邊的就只有死路一條，發配到右邊的則還有生還的機會。他的心臟怦怦的跳動著，愈靠近那個指揮官，就跳得愈快。很快的，就要輪到他了，而將是什麼樣的判決等著他？

　　他離那位掌握生死的指揮官還有一段距離，但是他清楚這個指揮官有權力將他送入焚化爐中。他的名字被叫到了，突然間恐懼感壟罩全身。

選擇自己的道路，
是最基本的權利

那個指揮官轉過身來，兩人的目光相對。過了幾秒鐘，史佩拉靜靜說：「早安，米勒先生。」米勒的一雙眼睛看起來雖然冷酷無情，但聽到史佩拉的招呼也回道：「早安，西蒙先生。」接著，他舉起指揮棒指了說：「右！」

禮貌和熱情是人際關係中的潤滑劑，有時，一句習慣性的真誠問候甚至可以感化劊子手。

一聲輕輕的問候，不僅能給他人帶來愛的關懷，也能給自己帶來美好的心情。善待別人，就是善待自己。任何一個人的存在，都是以別人的存在為前提的，真誠熱情地對待別人，才能得到別人對自己同等的尊重與熱情，自己才能具有人的尊嚴和神聖，熱情對人，於己於人都是一筆巨大的精神財富。

A、B、C三種員工

前奇異電子執行長傑克‧威爾許把優秀的工作者分為A、B、C三種。

而最頂尖的A和其次的B，兩者的專業技能都一樣，但是擁有熱情者將更勝一籌。他認為A級的人與B級的人，最大的差別就在熱情。

根據《全球兩百大企業ＣＥＯ特質》調查發現：在十個共同的重要特質中，排名第一也是熱情。這個神奇配方，如果注入企業經營，公司股東權益報酬率將提高２００％！

湯瑪士‧聶夫在《五十位頂尖ＣＥＯ的領袖特質》一書，針對美國《財星》兩百大的企業ＣＥＯ調查，舉出十個重要的共同特質，其中排名第一的就是熱情。

071

選擇自己的**道路**，
　　　　是最基本的權利

　　一位心理系教授曾說：「熱情是一種不完成會不舒服的情緒，是一種續航力。」熱情不是一般解釋的外在、活潑、熱鬧，而是那種「我一定要做到」的堅持。

　　熱情可以使悲觀的人變得積極；使懶惰的人變得勤奮有朝氣。熱情能夠傳遞，可以感染別人，影響別人，甚至激勵別人；熱情像發動機一樣，推動你勇往直前，直至走向成功。

融化心中的冰雪

　　作家饒雪漫在其成長小說《醜女玫瑰》中說了這麼一個故事：班上有一個名叫玫瑰的女孩，長得不好看，甚至有點醜。因此，她變成了一個自卑、敏感、性格孤僻的孩子。

　　她在作文中寫道：「我叫趙玫瑰，我恨死我這個名字了，它給我帶來了很多的煩惱。可是我的爸媽總是不肯幫我改名字，他們說名字只是一個人的代號，又說玫瑰是一種大家都喜歡的花。他們這麼說，那是因為他們自己的名字不叫玫瑰，他們根本不了解我的痛苦。我很怕我的初中同學會像小學同學那樣取笑我。還有老師，每次點完名都會意味深長的看我一眼。當然，我要是長得漂亮一點叫這個名字也就算了，重點是我長得並不好看……」

　　因為容貌的原因，玫瑰有意的封鎖了自己的內心。她每天獨來獨往，不和其他同學交流，有時甚至因為一些小事故意和

選擇自己的道路，
　　　　是最基本的權利

同學、老師作對。比如，在英語課上，英文老師帶著大家練習
對話：

「What is your name？」

「My name is ＿＿＿＿＿。」

英文老師要玫瑰站起來和她練習對話，但玫瑰拒絕回答。
老師以為她是怕自己英文說不好，便鼓勵她說：「沒關係，大
膽一點，站起來，妳一定可以說好的。」

誰知玫瑰卻故意頂撞說：「老師，妳不是知道我的名字
嗎，那還問我幹什麼？」

年輕的英文老師在課堂上被玫瑰氣哭了。其實，玫瑰只是
不願讓大家關注她的名字，與她的容貌之間的反差，所以選擇
了這樣一種極端的封閉自己的姿態。漸漸的，同學們也和她疏
遠起來。

但實際上，玫瑰的內心是非常孤獨的，她渴望朋友，渴望
與人真誠的交流。她的周記裡寫道：「我想我是找不到一個能

說心裡話的人了，我以前讀過一個故事，說是有個孤兒院的小女孩，她沒有朋友，所以她寫了一張字條扔向窗外，上面寫著：『誰撿到這張字條，我愛你。我甚至連個講話的人都沒有，所以誰撿到這張字條，我愛你。』媽媽說這是一個憂傷的故事，我這樣的年紀是不會懂的，其實媽媽不知道，我也和那個女孩一樣，一樣的孤獨和傷心。我想這就是書上所說的早熟。」

面對這個孤獨、自閉的小女孩，班導季老師伸出了她熱情的雙手。

她跟班級幹部開會，一同討論如何幫助玫瑰，並要求班級幹部以身作則，主動與玫瑰親近。她在玫瑰的周記本上寫道：「老師已經撿到了妳的『字條』，願和妳做個談心的好朋友，希望玫瑰快樂起來，好嗎？」

老師尊重玫瑰的隱私和通信自由，並借錢給玫瑰去做她覺得有價值的事情。當時玫瑰和一個外校的男孩頻繁的通信。季

選擇自己的道路，
是最基本的權利

老師還不辭辛勞的跑到男孩就讀的學校瞭解情況。最後弄清楚了，原來表面封閉冷漠的玫瑰，在用自己的愛心，關心另一個腿腳有殘疾的男孩子。玫瑰寫信給他，鼓勵他，和他做朋友，但是由於敏感的自卑，所以從來不肯和這位男生見面。玫瑰向季老師借錢也是為了幫男孩買枴杖。玫瑰的熱情和友愛，給了男孩很大的精神力量。

瞭解了這些情況之後，季老師深深的被感動了。她跟班上的同學說了玫瑰和那個男孩之間的友情故事，同學們也都紛紛表示，從此以後要主動熱情的與玫瑰做朋友，也要一起關心那個男孩。

班長說：「從此以後，我們希望玫瑰能夠生活在大家溫暖的懷抱之中，以後誰再嘲笑她，我們就找誰算賬去。」

在同學們的熱情友愛中，玫瑰必將開始嶄新的生活，她心中的冰雪也將在熱情中融化，她渴望的友情正包圍在她身邊。

而同學們從玫瑰的身上也能學習到如何理解、關心他人。每個人透過這件事一起成長、成熟，一同獲得一筆寶貴的精神財富。

生活的美與醜，快樂和哀傷，幸與不幸，更多的來自人們看待生活的眼睛，而不是生活本身。熱情對人生來説是如此重要，但在現實中，許多人往往對生活缺乏應有的熱情。有人認為，人生缺乏熱情的原因，在於他們的缺少溝通能力、生活能力、工作意願、學習意願。

培養自己對生活、對他人的熱情是很重要的。有時候，你主動與別的朋友打招呼，但那個朋友卻不理不睬，我們頓時覺得熱情受到冷落，下次可能就不會再這麼熱情待他了。在這個時候，如果能夠調整打招呼的方式，或許結果是會不一樣的。

選擇自己的道路，
是最基本的權利

響亮的一吻

　　地鐵列車搖搖晃晃，車輪在鐵軌發出的凄厲嘎吱聲比以前更刺耳。車窗外，滴水成冰的嚴冬籠罩一切。車廂裏，擠滿凍僵的乘客，各自想著自己的心事，厭煩神態畢露。

　　突然，有個小男孩在擁擠的乘客中擠過，在車廂最裏面的座位坐下。而孩子的爸爸就站在車門旁。列車一路搖晃著鑽入地下。這時，小男孩溜下坐位，把手放在一位乘客的膝蓋上。那位乘客一時以為他要從他身旁擠過回去找他爸爸，便把身體挪開。但小男孩卻身子向前傾，朝這位乘客仰起頭，在他臉上響亮的一吻。

　　男孩神態自若，回到座位上往後一靠，仍是若無其事地注視著窗外。至於那位乘客，則驚詫得目瞪口呆。剛才怎麼回事？小男孩竟在地鐵車廂裏親吻素不相識的人。

不久，這位乘客前後左右的人都一一受到這孩子的親吻。大家全都忸怩不安，又莫名其妙，只衝著孩子的父親傻笑。那位父親的在他們準備下車時，才説出了緣由。

「小朋友是因為能夠活著才那麼高興。因為他曾生過一場幾乎讓他失去生命的重病。」

父子倆的身影消失在擁往出口的人群中。車門關上了，地鐵列車隆隆開動。大家的臉上，仍留著被那位六歲左右大的孩子的一吻火辣辣的感覺。

很多時候，我們在塵世忙碌地奔波，忘了自己為什麼而活著，忘了感動，忘了快樂。但是你是否真的認真想過，其實我們是如此富有，如此幸福。那送吻的小人兒像在提醒著每個人：「要小心，別讓自己變成對生活行屍走肉的人！」

選擇自己的**道路**，
　　　　　是最基本的權利

真心的**禮物**

　　一個少年，十六歲那年離開貧窮的村莊出外闖蕩，近二十年過去了，他成了富翁，於是衣錦還鄉要將一些禮物贈給親友們。

　　有一天，他去探望一個昔日曾結下仇怨的同學，因為他從鄉親們的口中知道，這位同學曾在自己一貧如洗的生活下，還努力幫忙其他村人。

　　去探望這位同學時，他沒有帶任何禮物去。

　　在第一次的拜訪中，兩人由於長時間的分離與以往結下的仇怨，彼此尷尬的沒能說上幾句。

　　爾後，他又去拜訪了好幾次，兩人才漸漸的聊了起來。後來兩人反而成了無話不談的好朋友。但這位富翁直到離開時，卻也沒給過這位同學什麼禮物。

許多人對此非常不解，這位同學說：「也許他會給別人價值不菲的禮物，可是他能抽空來我這兒聊聊，而且真正關懷我的生活，這便是他給我的最好禮物了，因為他把自己的真心，當作禮物送給了我。」

對人的關懷就是送給別人最好的禮物，因為在這個物質社會裏，大家只注意經濟上的東西，而真心去關懷別人的並不多。但是與人交往也是有原則的。如果另有目的，對人就會表現出阿諛奉承。這表面上似是尊重對方，其實它與尊重本質是不同的。阿諛奉承、虛情假意、只會讓人反感，會讓本來可以建立良好的關係，因失去真情而無法發展下去。

享受自己的快樂，
也要學會 享受他人 的 快樂

第三章
享受自己的快樂，也要學會
享受他人 的 快樂

　　寬容不受約束，它像天上的細雨，滋潤大地，帶來雙重的祝福，祝福施予

者，也祝福被施予者。它力量巨大，貴比皇冠，它與王權同在，與上帝並存。無論

你富有，無論你貧窮，你都有機會表達你的寬容。當你施行寬容時你會感受到它的

力量是如此強大，它可以使你成為強大而又自豪的人。

　　寬容是人類生活中至高無上的美德。因為寬容包含著人的心靈，因為寬容可以

超越一切，因為寬容需要一顆博大的心。因為寬容是人類情感中最重要的一部分，

這種情感能融化心頭的冰霜。而缺乏寬容，將使個性從偉大墮落成連平凡都不如，

讓我們擁有寬容的美德，多多為他人考慮吧！

讓後三尺的牆

清朝時期，宰相張廷玉與一位姓葉的侍郎都是安徽桐城人。兩家毗臨而居，都要起房造屋，為爭地皮，發生了爭執。

張老夫人便修書北京，要張宰相出面干預。

這位宰相到底見識不凡，看罷來信，立即作詩勸導老夫人：「千里家書只為牆，再讓三尺又何妨？萬里長城今猶在，不見當年秦始皇。」

張母見書明理，立即把牆主動退後三尺；葉家見此情景，深感慚愧，也馬上把牆讓後三尺。這樣，張葉兩家的院牆之間，就形成了六尺寬的巷道，成了有名的「六尺巷」。

張廷玉失去的是祖傳的幾分宅基地，換來的卻是鄰里的和睦及流芳百世的美名。

享受自己的快樂，
也要學會享受他人的快樂

　　生活中是必然要與他人接觸的，要接觸產生的摩擦是必然的，但是你可以以一顆寬容的心去容納一切。

　　要是想讓自己不自私，很難，但也很容易。多去幫助別人，多為別人考慮，有一顆寬容的心，學會並理解那句「退一步海闊天空」的話，你的人生一定會變得更加絢麗多彩。告別自私，多為別人著想，你將贏得一片更廣闊的天空。

一家都是壞人

在一條街上，住著張和李兩戶人家。當經過張家的房子，總會聽到裡頭吵吵鬧鬧的，不是打架，就是哭罵、摔東西的聲音；而對面的李家，總是聽到一家人輕聲細語，大家相敬如賓，笑聲不斷。

有一天，老張遇到了老李，於是好奇的問：「奇怪？為什麼你們家總是笑嘻嘻的，從來沒聽過你們爭吵，怎麼做到的？」老李說：「我們家的每一位成員都認為自己是壞人，而你們家都認為自己是好人。」

怎麼說？怪哉，天底下哪有人說自己是壞人的啊？老李繼續說：「有一天，我看到樓梯的正中間放了一個玻璃杯，是阿德之前放的。你們家阿聰經過時，不小心踢翻杯子，還割傷了自己的腿，你猜他怎麼說？阿聰馬上就破口大罵：阿德！一定

享受自己的快樂，
也要學會享受他人的快樂

是你放在這裡的對不對？你看看，害我踢到了，還割傷腿，你看要怎麼賠？」

「這不是很正常嗎？」老張不解地問。

「不……要是換作是我家的人踢到杯子，會說：哎呀！我真是不小心，竟然把杯子踢倒了。慘了，這樣不知道會不會有人踩到……而放杯子的人就會道歉：對不起！對不起！我剛剛本來要拿到樓上去的，但是突然有電話……我忘了再回來拿……對不起！」

「看！這樣的結果不是比較好嗎？」

老張這時才恍然大悟。

人和人如果在相處時能告別自私，多考慮對方，就像老李家一樣，每個大都將壞的言語收回，將謾罵轉為道歉，憤怒轉為關懷，不僅可以避免一場不必要的爭吵，少犯口舌，更可以

拉近人與人的距離。

　　老李所説的自己是壞人，就是將過錯攬在身上的表現；如果每一個人都認為自己是好人、是對的，那就不可能去反省週遭所發生的事；反之，總認為自己是壞人，常會不小心出錯，那為了不再帶給別人麻煩，一定會無時無刻地去注意、反省，不是嗎？

　　體諒週遭的人，將大事化小，小事化無。退一步為他人想想，你會發現：人際關係並不如你想像中那麼的難！

享受自己的快樂，
也要學會享受他人的快樂

小豬的立場

在農場裡，一隻小豬、一隻綿羊和一頭乳牛，一同被關在同一個畜欄裡。有一次，主人捉住小豬，牠大聲嚎叫，激烈的抗拒。綿羊和乳牛討厭牠的嚎叫便對著小豬大聲的說：「主人也常常捉我們啊，可是我們才不會像你這樣大呼小叫呢，真是吵死人了。」

小豬聽了回答道：「主人捉你們只是要剪毛和擠奶，但是捉我，卻是要我的命啊！」

立場不同、所處環境不同的人，很難瞭解對方的感受；因此對別人的失意、挫折、傷痛，不應幸災樂禍，而要有關懷瞭解的心情。要有寬容的心，請多為別人考慮！生活中，要記得常常站在他人的立場上想一想，許多事情其實並沒有那麼麻煩，享受自己的快樂，也要學會享受他人的快樂！

如果你肯放手
就有機會選擇

 # 雪中送炭最美

1964年的冬季奧運會上，在雙人雪車比賽中，義大利隊的尤金諾蒙提因他比賽時義助英國雪車隊，而獲頒了一項特別獎——古伯汀獎，以表彰他的運動家精神，這個獎是以現代奧運的創始人皮耶古伯汀的名字所命名。

當英國隊的隊員發現他們的雪車有根螺栓斷裂時，正好位居第二名，看樣子是不可能繼續比賽下去。

當時位居第一名的義大利隊蒙提在聽到這個消息時，立刻從自己的雪車上取下一根螺栓送給他們，雖然競爭激烈，但他卻毫不遲疑的幫助第二名的英國雪車選手，將雪中送炭的人性光明面表露無遺。

英國隊有了那根螺栓才得以繼續比賽，並在最後贏得金牌。蒙提和義大利隊最後則拿到銅牌。

享受自己的快樂，
也要學會**享受他人**的**快樂**

後來蒙提謙虛的說：「納許（英國隊的駕駛員）不是因為我送他那根螺栓才贏的，他贏是因為他的速度最快。」

這種雪中送炭的真誠助人，讓人動容，我們也應該幫助他人，做最美的自己。

當然，我們身邊有很多種朋友，一種朋友就是在我們繁盛時蜂擁而至，分享榮譽、快樂、華服、美食；有一種朋友不會時常和我們在一起，在我們最燦爛的時候身邊沒有他，但落寞時不離不棄的腳步一定屬於他。就像一首歌的歌詞那樣：朋友，如果你正享受幸福，請你忘記我；如果你正承受不幸，請你告訴我。

三年前的簡訊

有一個人，他是一個特別喜歡浪漫的人，所以手機裡存著許多風花雪月的簡訊。

但他存得最久、直到現在都捨不得刪的一條簡訊，卻與風花雪月完全無關，那是一句如果不明前因後果甚至會讓人覺得莫名其妙的話：「你是我的朋友，不要不好意思跟我開口，１００００元夠嗎？」而發送簡訊的日期離現在已是３年了。

原來在３年前，他曾得了一場重病，不得已只好停掉手裡的一切工作，動手術住院。那時他才換了工作不久，又剛交了半年的房租，住院押金加治療所花費，對當時的生活幾乎已經是捉襟見肘。

只是他驕傲慣了，所以從不在朋友們面前訴苦，也自以為

享受自己的快樂，
　　也要學會**享受他人**的**快樂**

沒人看得出來。就在用錢最吃緊的時候，一個好朋友來看他並問他：「缺錢嗎？」

那時他只當這是普通的客套話，所以很隨便的回答：「還好啦。」

朋友又叮囑説：「如果真的缺錢就告訴我！」
他笑著點頭，並沒有認真去記著朋友的話。

過了幾天，他忽然收到朋友發來的簡訊：「你是我的朋友，不要不好意思跟我開口，10000元夠嗎？」
他心裡一震，眼淚都快出來了。

「朋友是認真的啊！認認真真的，實實在在的想要幫助我。」朋友知道他不會主動開口，所以還特別再發簡訊來問他。

如果你肯放手，就有機會選擇

　　所謂患難之交，這就是了吧？！友誼的最可貴之處不是錦上添花，而是雪中送炭。我們的生活中有很多這樣的朋友。他們像一把枴杖，總是在我們走入泥濘道路的時候第一時間出現在我們手裡，當我們失意時、痛苦時、受挫時、無助時，他們總是堅定地站在我們的身後，用同樣柔弱的肩膀與我們一起承擔，哪怕我們已經是窮困潦倒，依然能安慰、體貼、關懷、撫慰我們，讓我們心生感動，讓我們倍感溫暖。

享受自己的快樂，
也要學會享受他人的快樂

吐司與白開水

　　小雪與小惠，是大學裡同窗 4 年的好友。她們都勤奮好學，希望將來能夠考上自己心儀學校的研究生，所以一直互相鼓勵，交流學習。

　　但是兩個人都家境貧寒，還要供弟弟妹妹讀書，所以畢業那年，兩個女孩都決定先工作一年再考。

　　由於收入不高，還要寄錢給家裡，所以兩個女孩也沒有多少積蓄。

　　第二年，小雪為了準備考試，辭掉了工作，在複習的幾個月裡她沒有任何收入，可是有一天，她得知小惠的母親生病急需四萬元，小雪二話不說就把錢借給了小惠，而自己剩下的生活費已經所剩無幾，在最艱難的那兩周裡，小雪每天三餐都只吃吐司與白開水。

如果你肯放手
就有機會選擇

紀伯倫説：「你的朋友是你的有回應的需求，他是你用愛
播種，用感謝收穫的田地，他是你的飲食，也是你的火爐，當
他靜默的時候，你的心仍要傾聽他的心。」當然，朋友的真正
含義並不是物質的索取，而是精神上的皈依，真正的朋友一定
會在困難的時候肝膽相照。

享受自己的快樂，
也要學會享受他人的快樂

她是我的朋友

　　越戰期間，越南一個村莊的學校遭到砲火轟炸，有一個小女孩受了重傷，必須及時輸血。負責搶救她的一個越南護士和兩個美軍醫生到處尋找血型相同的人，但都沒能找到。這時候，小女孩已經由於失血過多，生命奄奄一息。

　　與小女孩一起的還有幾個沒有受傷的孩子，他們驚恐的看著擔架上即將死去的小夥伴和束手無策的醫生。突然，有一個男孩舉起了手，小聲說：「我願意為她輸血。」美軍醫生抱著試一試的想法，迅速幫小男孩驗了血型，結果正好與小女孩的血型相符。

　　於是，小男孩的血緩緩流進了小女孩的身體。小男孩躺著，很緊張，眼睛恐懼的看著身旁漸漸恢復生機的小女孩，一句話都不敢說。後來，他實在忍不住了，終於發出一聲細微的呻吟。美軍醫生安慰他，但他還是感到非常害怕，非常痛苦。

越南護士幫美軍醫生翻譯了小男孩的話。

　　原來，小男孩害怕自己的血會被抽乾會死掉。

　　這時候，美軍醫生不解的問：「既然這麼害怕，那你為什麼還願意給她輸血呢？」

　　小男孩小聲的說：「因為她是我最好的朋友！」

　　這個關於友情的美麗故事讓人很感動。小男孩認為自己一旦被抽血就會死亡，可他最終還是舉起了手。因為小女孩是他最好的朋友，他甚至願意用整個生命去幫助她。人們是需要關懷和幫助的。每個人都十分珍惜自己在困境中得到的關懷和幫助，並把將幫助者視為真正的朋友、最好的朋友。

享受自己的快樂，
也要學會享受他人的快樂

真正的友情

　　馬克斯在創立政治經濟學時，正是他在經濟上最貧困的時候，恩格斯經常慷慨解囊幫助他擺脫經濟上的困境。對此，馬克思十分感激。當《資本論》出版後，馬克斯寫了一封信表示他的衷心謝意：「這件事之所以成為可能，我只有歸功於你。沒有你對我的犧牲精神，我絕對不能完成那三卷的巨著。」兩人友好相處，患難與共長達４０年之久。列寧曾盛讚這兩人的友誼「是超過了一切古老的傳說中，最動人的友誼故事」。

　　當我們需要為了朋友付出巨大代價時，我們是否還能緊握朋友的手，一如既往？生死與共，需要勇氣。真正的友情雖然不一定要用生死與共來證明，但它是一顆埋藏在內心的小小種子，既需要別人友情的澆灌而長大，也需要給予別人綠蔭而長大。

沒禮貌的代價

一位很有名的劇院經理來拜訪大仲馬。

一見面，他連帽子也沒脫下，就火冒三丈的質問這位作家為什麼把最新的劇本賣給一家小劇院的經理。

大仲馬承認有這麼回事。這位經理於是出了一個遠遠勝於他對手的高價，想把劇本買回來，大仲馬笑了笑說：「其實你的那位同行用一個很簡單的方法，就以很低的價格把劇本買走了。」

「這是怎麼回事？」

「因為他以與我交往為榮，並且一見面就脫下帽子。」

你可以沒有金錢，你可以沒有地位，你可以沒有智慧，但你不能沒有禮貌，學會禮貌待人，在尊重別人的同時你會發現

享受自己的快樂，
　　也要學會享受他人的快樂

自己也正被別人尊重著。

　　禮貌，能為周圍的人帶來了温暖。「禮貌」的本質也是表示對別人的尊重和友善，這種心理需求是永存的。然而，一個人如果只懂得禮貌的形式，卻沒有謙讓之心，那麼，他不會真正懂得禮貌，謙讓也是謙虛、平等的表現，是禮貌的重要內涵。

曾子避席

曾子是孔子的弟子，有一次他在孔子身邊侍坐，孔子就問他：「以前的聖賢之王有至高無上的德行，精要奧妙的理論，用來教導天下之人，人們就能和睦相處，君王和臣下之間也沒有不滿，你知道它們是什麼嗎？」

曾子聽了，明白老師孔子是要指點他最深刻的道理。

於是立刻從坐著的蓆子上站起來，走到蓆子外面，恭恭敬敬地回答道：「我不夠聰明，哪裡能知道，還請老師把這些道理教給我。」

「避席」是一種非常禮貌的行為，當曾子聽到老師要向他傳授時，他馬上站起身來，走到蓆子外向老師請教，這也表示了他對老師的尊重。

享受自己的快樂，
也要學會**享受他人**的**快樂**

任何人在交談時，總是在以一定的身份向別人表達自己的思想感情。要想交流達到理想的效果，除了要有對象意識外，還要有自我身份意識，就是説話要得體，言語形式的選擇要符合自己的身份，保持自我本色。如以下級的身份向上級匯報工作，應當持敬重的態度，也應該注意措辭的嚴肅性和應有的禮節。

岳飛問路

《說岳全傳》中曾寫到：某天，牛皋和岳飛先後向同一位老人問路。先是牛皋遇見那位老人。他騎在馬背上高聲嚷道：「老頭兒，爺兒我問你，往小校場怎麼走？」老人聽了氣得目瞪口呆，只用眼看著牛皋不做聲。後來，岳飛遇見這位老人，他先下馬，走上前把手一拱說：「不敢動問老丈，方才可曾看見一個黑大漢，騎一匹黑馬，往哪條路上去了？望乞指示。」老人聽後，便十分愉快的為岳飛指引去向。

同問一個對象，其效果卻迥然而異，這是為什麼呢？關鍵就在牛皋的問話不注意基本的禮節和自己的身份。牛皋傲慢又缺少教養，而且騎在馬上高聲嚷叫，顯得沒有禮貌，老人聽了當然不是滋味，必然反感、生氣的不願理他。表達者是否注意自己所處的角色身份，直接關係到交談的成敗。

享受自己的快樂，
也要學會**享受他人**的快樂

甘地丟鞋

　　印度偉人甘地，有一次乘火車，他的一只鞋子掉到了鐵軌旁，此時火車的汽笛宣告車已經開動，要下車撿回已經不可能。

　　於是甘地馬上把還穿在腳上的另一只鞋子也脫下扔到第一只鞋子旁邊，這才回到自己的座位。

　　同行的人不解的問甘地為什麼這樣做。

　　甘地認真的回答說：「這樣一來，路過鐵軌旁的窮人就能得到一雙鞋子。」

　　甘地遇到事情，考慮最多的不是自己的處境，而是別人。

　　掉了一只鞋子後，他想到的卻是，只有兩只鞋子才能成雙，也才能被人利用，這正是偉人高於常人之處。

如果你肯放手 就有機會選擇

　　美國汽車大王福特說過一句說：「假如有什麼成功秘訣的話，就是設身處地替別人著想，瞭解別人的態度和觀點。」很多時候我們都應該換位思考，站在別人的角度多考慮，你就會理解別人的想法，也會對他人多一份尊重和包容。換位思考可以讓我們超越狹隘心靈的束縛，真正做到超越「小我」，也可以讓自己在寬容別人的時候，也給予自己一片清涼！

享受自己的快樂，
也要學會 享受他人 的快樂

選擇寬容

　　1963年年僅21歲的斯蒂芬‧霍金被診斷患有「盧伽雷病」，不久，完全癱瘓，被長期禁錮在輪椅上。1985年，霍金因患肺炎做了氣管手術。此後，他完全喪失了説話能力，只能靠安裝在輪椅上的一個小對話機和語言合成器與他人進行交流。

　　在這樣一種令人難以置信的艱難中，霍金成為世界公認的引力物理科學巨人。像霍金這樣喪失了行動與説話能力的重症患者，如果沒有妻子簡對他的悉心照料和無私奉獻，他的成功是難以想像的。

　　畢業於倫敦大學的簡原想去外交部工作，但為了照料霍金，她放棄了自己的錦繡前程，甘心做一個忙忙碌碌而又盡職盡責的家庭主婦。然而，霍金家族中的某些人對她很不友善，

特別是霍金生性孤傲的妹妹菲麗帕對她更是常常冷嘲熱諷。有一次，菲麗帕患病住院，簡陪同丈夫去醫院探望她。結果，在病房門口，簡被告知，菲麗帕只想見霍金不想見她。那一刻，簡感到十分委屈和尷尬。

但她很快就控制住自己的情緒，設身處地為菲麗帕著想：一個人生病住院，心情當然不好，自己來看她就是希望她有一個好心情，既然她不想見自己，一定有她的道理。這樣一想，簡心中的委屈與懊惱煙消雲散了。於是，她微笑著目送丈夫走進病房，而自己則留在病房門口旁的長凳上邊看書邊等丈夫，一等就等了兩個多小時。

兩個月後，簡收到菲麗帕寄來的一封信。在信中，菲麗帕為醫院那件事向簡作了道歉，並表示從此以後，她將成為簡最忠實的朋友。

享受自己的快樂，
也要學會享受他人的快樂

　　如果簡在探視病人而被拒之門外時拂袖而去，甚至衝進病房與病人作一番理論，那麼，與菲麗帕原本就不和諧的關係只能趨向惡化，而簡因為願意換位思考，設身處地為對方著想，所以選擇了忍讓，選擇了委曲求全，終於打動並感化了對方。正是憑借忍讓這一美德，簡消除了菲麗帕對她的偏見，贏得了霍金家族上上下下的尊重和歡迎。

　　人與人之間相處，難免有誤解、有矛盾，這時，如果你能設身處地為他人著想為對方著想，你就會選擇寬容選擇忍讓，如此一來，你的委曲求全也就能感化對方，所謂的矛盾也就迎刃而解了。

盲人提燈

有一位盲人，晚上出門總提著一個明亮的燈籠。路人覺得很奇怪，就問他：「你又看不見，為什麼還要提著燈籠走路？」

盲人認真的回答説：「這個道理很簡單，我提燈籠當然不是為自己照亮道路，而是為了幫別人照亮，也讓他們能看見我。這樣既幫助了別人，又保護了自己。」

一個人只考慮自己，不考慮別人，是難以取得成功的。因為一個只考慮自己的人，關心的只是自己的得失，但是生活是人與人的連接，假若不想掉進深淵，就要牽別人的手，給他人以力量的同時，自己也得到生存和發展的支持。人心是一面鏡子，可以照照別人，也可以看看自己。人人心中都有一座天平，那些對他人冷漠、自私自利的人，最終也會被他人疏遠。

享受自己的快樂，
也要學會享受他人的快樂

國王的鬍鬚

　　有一次，理髮師正在幫國王刮鬍鬚時，國王突然咳嗽了一聲，而理髮師的刀子立即把國王的臉給刮破了。理髮師十分緊張，害怕的不知所措，跪下來請求原諒，也以為自己的小命不保了，但令他驚訝的是，國王並沒有責怪他，反而和藹的對他說：「這並不能怪你，是我咳嗽前沒有向你打招呼，才害你的刀刮偏了。」

　　換位思考是一種相互的寬容，是人與人之間的大度。假如我們能夠在馬路上不慎地碰撞時給予對方豁達的寬恕，也就沒有了以後的大動干戈，諒解是理解的一個方面，也是一種寬容。我們都有被「冒犯」、「誤解」的時候，如果對此耿耿於懷，心中就會有解不開的「疙瘩」；如果我們能深入體察對方的內心世界，或許能達成諒解。替別人著想，是一種愛護，一種體貼，一種寬容，一種理解！

難得糊塗

在作家雨果的小說「悲慘世界」。小說中的主角賽萬強，因為偷了神父的銀餐具而讓警察抓住了，但是這位神父卻跟警察解釋說這一切都是誤會，說銀餐具是送他的禮品，還真的把銀燭台一起送給了賽萬強。很多人會覺得真是不可思議：不把小偷扭送警察局，已是寬宏大量，哪有再奉送銀燭台的事？那不是鼓勵小偷再偷東西嗎？

可是結局卻不然，那個小偷從此變成了一個很有愛心的人。因為他永遠記得神父走到他身邊，叮囑他：「永遠不要忘記您允諾過我，你用這些銀子是為了成為一個誠實的人。」

多些寬容，遇事不計較，小事裝糊塗可能會改變別人的一生。寬容是大事，是為人之準則，又是成業之法寶。大凡有所作為的人都奉行寬容，大凡具有睿智的思想家都倡導寬容。真正的寬容，就是在小事上要糊塗，該不計較就不要計較。

享受自己的快樂，
也要學會享受他人的快樂

誰有資格？

一群人把一個犯錯的女子拉到基督面前，問是否可以用亂石砸她？基督說，你們當中，若有誰從來沒有犯過錯的，便有資格拿石頭砸她。

只見所有的人，都悄悄地走出去了。

每當我們不肯寬恕別人的時候，都認為自己是聖人，一點也不肯原諒別人，以顯示自己的純潔高尚。

對他人不計較是一種智慧，一種境界，一種零風險高回報的善念。人生如果沒有對他人的寬容，必定樹敵過多，處處受阻。

假如你斤斤計較，對方就會耿耿於懷；假如你絕不放過，對方就會永無饒恕。

　　不要只看到別人的錯誤，也要檢討一下自己的行為，看看是不是自己也有一些不當之處需要去改正。即使是別人有錯你也要認真、耐心地去糾正同伴的錯誤，切不可得理不饒人。

　　寬容是理解並接受不同的想法、不同的行為，是對他人的錯誤不計較，是對傷害自己的行為不縈懷。世界因為有了寬容才五彩繽紛，失敗因為有了寬容才走向成功，人生因為有了寬容才遠離抱怨。

享受自己的快樂，
也要學會享受他人的快樂

快樂之花

　　女孩季娜的祖母病得很嚴重，她想採朵鮮花送給祖母，讓病重的老人獲得一份歡樂。

　　但是時值嚴冬，到哪兒去找鮮花呢？

　　她知道學校的暖房裡有一朵是全校師生都喜愛的「快樂之花」。

　　季娜一心想著病重的祖母，竟忘了校規，清早起來便走進了暖房，摘了那朵「快樂之花」。就在此時，老師走進了暖房，看到了季娜手裡的鮮花，大為吃驚。

　　但是，老師問明情況後，非但沒有責怪季娜，反而讓季娜再採3朵帶回去。並對季娜說：「你再採3朵，一朵給你，為了你有一顆善良的心，另外兩朵送給你的父母，因為他們教育出了一個善良的孩子。」

　　花是美的，學校的規矩也是重要的。但老師看到的是比花更重要的一片孝敬老人的愛心！這位老師就是蘇聯著名教育家蘇霍姆林斯基。

　　小事上不計較，在寬容別人的同時，自己也把怨恨或嫉恨從心中排除，才能懷著平和與喜悅的心情看待任何人和任何事，會帶著愉快的心情生活。所以，能在生活的磨難中逐步學會寬容他人，對他人不計較的人，心裡的苦和恨比較少；或者說，心胸比較寬闊的人，就容易小事上不計較他人。

享受自己的快樂，

也要學會**享受他人**的快樂

忍耐不是「鄉愿」

歷史人物韓信有名的「胯下之辱」，大家耳熟能詳，韓信忍得一時胯下之辱卻贏得將來在戰場上的勝利，反觀當年的胯下辱就顯得微不足道。一時的榮辱不必放在心上，爭千秋不爭一時。

「小不忍，則亂大謀」，其實生活中很多時候是必須靠忍耐的，因為「能忍則安」。忍耐的意思是「把某種不滿、生氣、痛苦等不好的感覺或情緒抑制住，不使表現出來」。

事實上在生活中的我們無一不忍，有人說，忍是難的，但也是美的。

因為忍是過程，得到忍的獎賞是好的結果。自制力是一個人成功的關鍵，忍耐當然不是「鄉愿」，因為有了「忍」的功夫，才能有從容的氣度去處理事情。

如果你肯放手
就有機會選擇

只有具備了寬容品德的人，才能學會忍耐。

要能成就大事業者，眼光須放遠，「忍得過，看得破，提得起，放得下。」凡事「靜觀皆自得」，因為忍得一時之氣，海闊天空，既是海闊天空就能從從容容，那麼又有什麼事困得住自己呢？

享受自己的快樂，
也要學會享受他人的快樂

不要害怕，已經沒事了

　　在泰國的一個度假村，一位滿臉歉意的工作人員，正在安慰一位大約 4 歲的西方小孩，這個飽受驚嚇的小孩，當時已經哭得精疲力盡了。大家問明原因才知道，原來那天小孩人數較多，這位工作人員一時疏忽，在兒童的網球課結束後，少算了一位，將這位小孩留在了網球場。等她發現人數不對時，才趕快跑回網球場，將這位小孩帶回來。

　　小孩因為一人在偏遠的網球場，飽受驚嚇，哭得稀里嘩啦的。這時，孩子的媽媽出現了，她看著自己哭得慘兮兮的孩子。當眾人以為，這位工作人員將免不了會受到這位母親的責罵時，大家卻看見這位媽媽，蹲下來安慰 4 歲的小孩，並告訴他：「已經沒事了。那位姐姐因為找不到你而非常的緊張難過。她不是故意的，現在你要不要親親那位姐姐的臉頰，安慰她一下！」

如果你肯放手
就有機會選擇

只見那位 4 歲的小孩踮起腳尖，親親蹲在他身旁工作人員的臉頰，並且輕輕告訴她：「不要害怕，已經沒事了。」

　　如果你是這位媽媽，你會怎麼做？是痛罵那位工作人員一頓？還是直接向主管抗議？或是很生氣的將小孩帶走，並再也不參加「兒童俱樂部」了？一位對人不計較的母親，一定能培養出一位更加懂得寬容的孩子。

　　「退一步海闊天空。」生活當中，需要一種寬容，更要學會寬容，沒有寬容，會使你處處碰壁，寸步難行。不計較小事，該糊塗的時候就糊塗，你會覺得綠水青山，白雲藍天，無一不是令人賞心悅目的彩圖。

享受自己的快樂，
也要學會享受他人的快樂

婦人的智慧

在美國一個市場裡，有位婦人的攤位生意特別好，引起其他攤販的嫉妒，大家常常有意無意的把垃圾掃到她的店門口。而這位婦人只是寬厚的笑笑，也不跟他們計較，反而把垃圾都清掃到自己的角落。

旁邊賣菜的墨西哥婦人觀察了她好幾天，忍不住問道：「大家都把垃圾掃到妳這裡來，妳為什麼不生氣？」

這位婦人笑著說：「在我們國家，過年的時候，都會把垃圾往家裡掃，垃圾越多就代表會賺越多的錢。現在每天都有人送錢到我這裡，我怎麼捨得拒絕呢？妳看我的生意不是越來越好嗎？」從此以後，那些垃圾就不再出現了。

婦人化詛咒為祝福的智慧令人讚歎，然而更令人敬佩的卻是她那與人為善的寬容的美德。她用智慧寬恕了別人，也為自

己創造了一個融洽的人際環境。如果她不採取這種方式，而是針鋒相對，又會怎樣呢？結果可想而知。

富蘭克林説：「有耐性的人，能得到他所要的一切。」

忍應該不是消極的承受各種委屈和痛苦，而是積極管理情緒，如果以一種寬容的心態去對待生活，不計較小事，該糊塗的時候就糊塗，你會覺得生活是一首詩，是一首歌，而且無比的輕快、歡暢、真實而美好。

享受自己的快樂，

也要學會享受他人的快樂

溫情的超速罰款

　　一位警察，他是自行車愛好者。一天清早，他在大街上巡邏，突然發現一輛自行車飛速向他駛來，他下意識的拿出測速儀，開始測定這輛自行車的速度有沒有違反交通規則。

　　騎自行車的人根本沒發現警察在測他的速度，他像一匹野馬一樣衝來。而當時測速儀顯示的速度已經超過了限定的速度，「他違規了！」警察這麼一想，覺得不對，天哪！他測出的竟然是汽車的速度，也就是說，這個自行車手的車速已經超過了汽車。他嚇了一大跳，因為他不相信一個人可以把自行車騎得像汽車一樣快。

　　警察把那個騎車人攔下，騎腳踏車的是一位看起來約十五、六歲的學生。警察告訴他違反了交通規則，並且要對他開紅單。那位學生說出他騎快車的理由，因為他要趕去上學，不然他就要遲到了。

警察聽了，想了想，笑著對學生說：「那麼，你先去上學，以後我會與你聯絡。」

不久，那個孩子的學校接到一封信，信來自哥本哈根最著名的自行車俱樂部，這個俱樂部曾經培養過許多優秀的自行車運動員。信中寫著，歡迎這個叫斯卡斯代爾的孩子參加他們的俱樂部，他們會為他提供一切訓練條件。信中還夾寄著一張警察測定的車速。校方有些驚訝，但是他們鼓勵孩子參加自行車俱樂部。四年後，斯卡斯代爾成為丹麥自行車的冠軍，並在奧運會上替丹麥拿到自行車運動項目史上的第一面金牌。

如果當初那位警察按章辦事對斯卡斯代爾罰款了事，可能就此埋沒了一個運動天才。而正是這位警察擁有一顆細心的善於觀察的仁愛之心，才發掘出了一個少年的天才，也改變了少年一生。

有一千個藉口哭泣，也要有
一千零一個理由堅強

第四章
有一千個藉口哭泣，也要有
一千零一個理由堅強

但丁：「走自己的路，讓別人去說吧！」為自己吶喊加油，不要在乎別人說

什麼，失敗和痛苦只讓自己去品嚐。在奮鬥中，成也罷，敗也罷，悲也罷，歡也

罷，學會取捨，才會懂得生活；學會善待生命，才會寵辱不驚。即使再大的風，再

大的雨，自己也會保持清醒，堅守自己的心靈。

生活就是這樣的，一定會遇見苦難和失敗，即使很多時候沒有人為我們喝彩也

不要緊，無論是坦途還是逆境，都需要勇敢的對自己喊出：加油！

自信地面對生命的每一天，讓自信指引生活。不能每日超越一個恐懼，便從未

學得生命的每一課。在變幻莫測，競爭激烈的現代社會，自信的重要尤甚，請擁有

自信，做自己的力量泉源。

誰還要這 20 元？

在一次討論會上，一位著名的演說家沒講一句開場白，手裡卻高舉著一張 20 美元的鈔票。面對會議室裡的 200 個人，他問：「誰要這 20 美元？」一隻隻手舉了起來。

他接著說：「我打算把這 20 美元送給你們中的一位，但在這之前，請准許我做一件事情。」他說著將鈔票揉成一團，然後問，「誰還要？」仍有很多人舉起手來。

他又說：「那麼，假如我這樣做呢？」他把鈔票扔到地上，又踏上一隻腳，並且用腳踩它。而後他拾起鈔票，鈔票已經變得又皺又髒。「現在還誰要？」仍是有人舉起手來。

「朋友們，你們已經上了一堂很有意義的課。無論我們如何對待那張鈔票，你們還是想要它，因為它並沒有貶值，它依

有一千個藉口哭泣，也要有
一千零一個理由堅強

舊值２０美元。人生路上，我們會無數次被自己的決定或碰到的逆境擊倒、欺凌甚至被碾得粉身碎骨。有時我們覺得自己似乎一文不值。但無論發生什麼，或將要發生什麼，在上帝的眼中，我們永遠不會喪失價值。在上帝的眼中，衣著骯髒或潔淨，衣著齊整或不齊整，我們依然是無價之寶。」

人生的價值不僅僅依賴於你的學歷、水準和智慧，也不仰仗你所結交的人物，而是取決於你自己的本身！因為你是獨一無二的！每個人身上都蘊藏著一份特殊的才能，那份才能猶如一位熟睡的巨人，等待著我們去喚醒他。上天不會虧待任何人，他給我們每個人以無窮的機會去充分發揮所長。我們每個人身上都藏著可以「立即」支取的能力，借這個能力我們完全可以改變自己的人生，只要下決心改變，夢想就能實現！

一本沒有
「不可能」的字典

　　美國成功學的創始人拿破侖・希爾博士，年輕時立志要做一名作家，要達到這個志願，他知道自己必須精於遣詞造句，字典將是他最需要的工具。但是小時候他的家裡很窮，讓他無法接受完整的教育，因此，有些「善意的朋友」就告訴他，說他的雄心壯志是「不可能」實現的，勸他不要異想天開。

　　年輕的希爾並沒有接受朋友的勸告，他用打零工賺來的錢買了一本字典，他所需要的字都在這本字典裡了。接著他做了一件很奇特的事，他找到「不可能」這個詞，用剪刀把它剪下來然後丟掉，於是他有了一本沒有「不可能」的字典。

　　往後他把整個事業建立在這個前提下，那就是對一個迫切想獲得成功的人來說，沒有任何事情是不可能的。最終，他成為美國商政兩界的著名導師，被羅斯福總統譽為「百萬富翁的

有一千個藉口哭泣，也要有
一千零一個理由堅強

鑄造者」。他的著作《世界上最偉大的推銷員》也成為世界暢銷書。

　　大千世界，芸芸眾生，面對自己和別人，我們總有許多失意和感慨：他當了科學家，他成了文學家，他得了奧運金牌，那麼我呢？上帝創造了我們，我們應當創造另一個自己。而歌德也在《格言詩》中提到：如果你喜愛這個世界，就應該為這個世界創造價值。

　　你不是最美麗的，但你可以最可愛；你不是最聰明的，但你可以最勤奮；你不是最健壯的，但你可以最樂觀……讓自己成為最好，如果能讓自己朝這個方向努力去做，那麼你的生命，已是最完美的生命了，在你走過的路上，留下的也一定是最輝煌的足跡。多少年後驀然回首，你的心中將會充滿怎樣的欣喜啊！你是獨一無二的！

蒸汽機的發明

　　在蒸汽機發明之前，就有人不斷諷刺富爾頓：「你有沒有搞錯，先生？你要在甲板下生起一團火，讓船能夠乘風破浪地航行？這真是太可笑了！」。

　　但是富爾頓不被人們的諷刺話語擊倒，最終不但實現了自己的目標，還因此發明了蒸汽機。

　　幾乎每一個偉大的構想在開始的時候，沒有幾個人能想到它真的可行。

　　在飛機發明之前，科學家認為飛行是不可能的；在麻醉藥發明之前，醫生堅信無痛手術是不可能的；在原子彈發明之前，科學家也都相信原子是不可能分裂的，原子彈的構想根本是無稽之談。

有一千個藉口哭泣，也要有
一千零一個理由堅強

　　認清自己，才能懂得奉獻的意義，關心他人就像關心自己。當理解他人的橋樑，學會了設身處地的為他人著想，才知道傲慢與偏見是那般無理！

　　【庸者，相信別人，懷疑自己；愚者，相信自己，排斥別人；智者，相信自己，也相信別人。】現在還懷疑你自己嗎？人生的價值，是肯定自己的價值，並且成為別人的需要。除了你，沒有人知道你內心的渴望。只有你才是命運的主宰。

如果你肯放手 就有機會選擇

生命的價值

「像我這樣沒有人要的孩子，活著究竟有什麼意思呢？」

「父母拋棄了我，上帝為什麼還要我繼續受苦？」

「人生是受苦的，那麼生命的意義何在？」

　　而院長，總笑而不答。有一天，院長給了湯姆一塊石頭說：「明天早上，你拿這塊石頭到市場去賣，但不是「真賣」，記住，不論別人出多少錢，絕對不能賣，你只是看看別人能給你開多高的價錢。」

　　第二天，湯姆蹲在市場角落，意外地有好多人要向他買那塊石頭，而且價錢愈出愈高。回到院內，湯姆興奮的向院長報告，院長笑笑，要他明天拿到黃金市場去叫賣。

有一千個藉口哭泣，也要有
一千零一個理由堅強

第三天，在黃金市場，竟有人出比昨天高十倍的價錢要買那塊石頭。

小湯姆十分奇怪，這麼一塊石頭在黃金市場居然能賣這樣高的價錢。

最後，院長叫湯姆把石頭拿到寶石市場上去展示。

結果，石頭的身價較昨天又漲了十倍，更由於湯姆怎麼都不賣，竟被傳揚成「稀世珍寶」。

許多人都搶著要和小湯姆做個交易，非要買到這塊石頭不可。湯姆興沖沖的捧著石頭回到孤兒院，將這一切告訴院長。

院長望著湯姆，慢慢說道：「生命的價值就像這塊石頭一樣，在不同的環境下就會有不同的意義。」

如果你肯放手 就有機會選擇

　　學會欣賞自己，你會發現生活是如此美好，感受到命運的公正無私，才能把握自己的人生。相信自己的思想，相信你內心深處所確認的東西眾人也會承認——這就是天才。人往往懦弱而愛抱歉，他不敢直說，「我想」、「我是」；其實，美德與生命力之由來，了無規矩，你的行為、你的思想、品格也應全然新異。相信自己，是對自己的充分肯定，是對自己能力的贊同。一個連自己都不相信的人，又能相信誰呢？

有一千個藉口哭泣，也要有
一千零一個理由堅強

從**認清**自己開始

世界上的每一個人，都是平凡的，而每一個不平凡的人，都是從平凡中產生，脫穎而出的。每一個從平凡中走出的不平凡的人，基本上都做得到一點，那就是認清自我。

要認清自我，首先要分析自己的優勢是什麼，什麼是自己的強處。

比如自己的溝通能力，自己的專業知識，特有親和力等，這些都是自己的強處，簡單一點說，就是別人不一定具備的，或者是別人具備的，自己也擁有；認清自己的優勢後，根據自己的優勢，尋找合適自己的發展機會；而這個機會，必須是能發揮自己所長的。

每個人都會有不具備的一面，其實就是別人強處而自己所沒有的，比如自己的內向，不善於表達自我，專業知識的不足

，沒有社會資源等。這些就是自己的劣勢，認清自己的劣勢，透過評估後，要確定自己哪些劣勢是可以透過後天的努力彌補上去的，當有一些不能透過自己後天的努力彌補的劣勢，還有一個辦法，就是用機會去化解，或者說用機會去迴避自己的劣勢；對自己面臨的威脅，更加要細心的去分析，這些威脅有一部分是可以用自己的優勢去化解的，有一部分，是必須要靠自己的後天努力去化解的。

認清自我，還可以透過與朋友的比較。當然，這種對比是善意的對比，多想想為什麼別人比自己做得好，哪些是自己不具備的，古人云：三人行，必有我師。就是這個道理。

人，都會有一個夢，有些人做的夢，卻是一生也無法實現的。因為他所做的夢是不切實際的；有些人的夢，是可以激勵自己的，那是知道自己所處的位置，明白自己應該朝哪個方向

有一千個藉口哭泣，也要有
一千零一個理由堅強

努力。從認清自己開始，比什麼都重要！希望你能從認清自己
開始，規劃好自己的人生！

　　你是獨特且唯一的！在這個世界上，再也找不到第二個和
你一模一樣的人。這個認知決定了你在這個世界上的價值。當
我們認清了自己之後，應堅定的成為有韌性、有戰鬥力的強
者，在你的專長道路上一步一腳印地走下去。

　　學會認清自己！無論什麼事都要切切實實的做，排除好高
騖遠的想法。認清自己，才知道珍惜自己，不做命運的奴隸！

八個半圓的成功

有個教授在講到如何正確規劃自我未來時，他要台下的同學用手中的筆在紙上畫一個圓，然後在圓的四周畫上 8 個半圓。

同學畫成後，發現這是一朵花的形狀。

同學們還是不知教授的用意，滿臉狐疑。

教授看了看講台下一張張疑惑不解的面孔，微笑著解釋：「這是一個圖形策劃，目的是讓每個人認清自己。美國總統林肯曾經說過，我們一定要問自己的所在，並走向何方？在如今這個競爭異常激烈的社會，認清自己顯得更加重要。在這個圖形測試中，我們可以在大圓中寫下『失敗』，在 8 個半圓中如實寫下失敗的原因。倘若我們能客觀的從自己身上找出如此造

有一千個藉口哭泣，也要有
一千零一個理由堅強

成失敗的因素，那我們就不會為一時的失敗而懊惱不已，畢竟我們離成功確實還有很長的一段距離；同樣的，我們也可以在大圓中寫下『成功』，在八個半圓中寫下成功的經驗。看到我們獲得的一個小小的成功竟需要付出如此之多的艱辛和心血，我們就不會在成功中迷失自我；相反的，我們會更加珍惜這些來之不易的成功，並會為之不懈的努力。在失敗時不忘問自己，在成功時不忘追回自我，我們就會在成長中得到自我的不斷完善和發展。」

我們總是說「要認清自己」，但我們真的認清自己了嗎？認清自己是困難的！對自己首先必須要有個正確的認識，比如說，你可能解不出那樣多的數學難題，或記不住那樣多的外文單字、片語，但你在處理事務方面卻有特殊的本領，能知人善用、排難糾紛，有高超的組織能力；你的理化也許差一些，但

寫小說、詩歌卻是高手；也許你分辨音律的能力不行，但是有一副動人的歌喉；也許你連一張桌子也畫不像，但卻有一雙極為靈巧的手；也許你不善於下棋，但是有過人的臂力。

在認識到自己長處的這個前提下，如果你能揚長避短，抓緊時間將一份工作或一門學問認真的做下去，久而久之，自然會結出豐碩的成果。

有一千個藉口哭泣，也要有
一千零一個理由堅強

被打昏的「領悟」

有一天，一位生性憨厚的樵夫上山砍柴，不經意的看見了一隻他從沒見過的動物，於是他上前問：「你到底是誰？」那動物開口說：「我叫『領悟』。」

樵夫心想：「我就是缺少『領悟』啊！乾脆把牠捉回去算了！」這時，「領悟」說：「你現在很想捉住我嗎？」樵夫嚇了一跳心想：「我心裡想的事牠都知道！那麼我就裝出一副不在意的樣子，趁牠不注意時再趕緊捉住牠！」結果，「領悟」又對他說：「你現在又想假裝成不在意的模樣來騙我，等我不注意時，將我捉住對嗎？」

樵夫的心事都被「領悟」看穿所以很生氣：「真是可惡！為什麼牠能知道我在想什麼呢？」

「領悟」開口道：「你因為沒有捉住我而生氣吧！」

於是，樵夫從內心檢討：「我心中所想的事，好像反映在鏡子裡一般，完全被『領悟』看清。我想，我應該把它忘記，專心砍柴。我本來就是為了砍柴才來到山上的啊！實在不該有太多的欲望。」樵夫想到這裡，揮起斧頭專心砍柴。

一不小心，斧頭掉了下來，卻意外的剛好打昏了「領悟」，「領悟」就這麼被樵夫捉住了。

我們常想去悟出真理，卻反而為了這種執著而迷惑、困擾。其實只要恢復直率之心順從自然，道理就隨手可得了。但是認清了自己之後，就應當堅定起來，成為有韌性、有戰鬥力的強者。

有一千個藉口哭泣，也要有
一千零一個理由堅強

「木桶理論」

有一位經濟學家提出了一個「木桶理論」：一只木桶最大的盛水量不是取決於最長的木板，而是取決於最短的那一塊。

這是一個十分精闢的結論，他告訴我們這樣一個道理：決定一個人或一個團體的整體能耐，並不完全取決於能力最大的那個元素，而是更大的受牽制於最弱的那個元素。因此對於我們每一個想要成功的人，在發揮自身優點的同時，更應該注意彌補自身的缺陷與不足。

一輛汽車是由無數個零部件組成的，只有每一個零部件都達到最佳工作狀態，汽車才能奔馳絕塵。試想倘若一輛任何性能都十分優良的跑車，就算只是輪胎存在一個致命缺陷的話，無論它的引擎是多麼的強勁，最終也會因為輪胎的缺陷而阻礙其前進的步伐。因為任何一個整體要正常運行，有賴於其中每

一個個體、部件的正常運作，而任何一個零件的故障都會不可避免的影響整體的運行。機器如此，人生亦然。

　　每個人都有自身的優點和缺點，在往目標的進程中，我們也努力著想設法發揮我們自身的種種優勢，以期在那強手如林的人生舞台上，找到自己的一片天地。殊不知，假如我們不重視自身存在的某些缺點或軟弱，那成功也許只會與我們擦肩而過。一個人的性格，是由諸多積極因素和消極因素組成，而這些缺點便是消極因素，好比那塊「最短的木板」。而積極因素就是那些長木板。其實要想實現我們的最大潛力，我們只需將那塊最短的木板加長。換言之，就是對那些缺點加以改造，使之變成我們成功之路上的墊腳石，那麼我們離成功也許就更進了一步。

有一千個藉口哭泣，也要有
一千零一個理由堅強

選擇自己
做**什麼樣**的人

哲學家蘇格拉底曾被世人貶為「讓青年墮落的腐敗者」；貝多芬學拉小提琴時，他寧可拉他自己作的曲子，也不肯做技巧上的改善，他的老師說他絕不是個當作曲家的料；《進化論》的達爾文當年決定放棄行醫時，遭到父親斥責說他不務正業，所有老師和長輩都認為他資質平庸，與聰明根本沾不上邊；羅丹的父親曾怨嘆自己有個白癡兒子，在眾人眼中，他曾是個前途無「亮」的學生，藝術學院考了三次還考不進去，他的叔叔也曾絕望的說：這孩子這輩子，是不可能有出息的；《戰爭與和平》的作者托爾斯泰讀大學時，因成績太差而被退學，老師甚至認為他：「既沒讀書的頭腦，又缺乏學習的興趣。」

如果這些人不是走自己的路，而是被別人的評論所左右，怎麼能取得舉世矚目的成績？

在這個世界上，每個人都有自己的生活方式，每個人都有自己的人生道路。你不能控制別人走什麼樣的路，但你可以選擇自己做什麼樣的人。選擇不同，結果各異。我們應該學會的是尊重別人，然後走自己的路，不要因為別人而改變自己的軌跡。

人，放棄自我的本色意味著什麼？意味著去模仿別人，跟在別人的屁股後面跑。把別人的特色誤以為是自己應該追逐的東西，多半都是不能成為做大事者，即使有一點成績，也是沒什麼特色的。

有一千個藉口哭泣，也要有
一千零一個理由堅強

一腳踏進爛泥

　　有一個人要穿過一片沼澤地，但是因為前方沒有路，所以只能試探著走。雖然很艱險，左跨右跳，竟也能找出一段路來。可好景不長，沒走多遠，他不小心一腳踏進爛泥裡，沉了下去，逐漸被爛泥淹沒。

　　後來有一個人也要穿過沼澤地，他看到了前人的腳印，心裡便想：這一定是有人走過，只要沿著別人的腳印走一定不會有錯。用腳試著踏去，地表果然實實在在，於是他便放心的走下去。最後，也一腳踏空沉入了爛泥。

　　過了很久，又有一個人要穿過沼澤地，他看著前面眾人的腳印，心想：這必定是一條通往沼澤地彼端的大道，看，已有這麼多人走了過去，沿此走下去我也一定能走到沼澤的彼端。於是，他也大步的向前走去，最後卻也沉入了爛泥。

世上的路並不是走的人越多了越平坦越順利，沿著別人的腳印走，不僅走不出新意，有時還可能會跌進陷阱。故事中的行路人看似可笑且愚笨，其實生活中，我們有很多時候，又何嘗不是在重複著別人的老路，而執迷不悟呢。別人說，你這樣做不對，便不敢去做；大多數人都去做的事，一定要亦步亦趨地去追隨，這就是我們生活中大多數人的真實寫照。

跟在別人的後面，永遠走不出自己的道路。試想，如果當你年老時，回首你的人生道路上，每一個腳印都不過是對前人的重複，這樣的人生，有什麼意義呢？

有一千個藉口哭泣，也要有
一千零一個理由堅強

成為第二或是第一

　　美國作曲家歐文・柏林給當時年輕的作曲家喬治・格希文的忠告。

　　柏林與格希文第一次會面時，已聲譽卓越，而格希文卻是個默默無名的年輕作曲家。柏林很欣賞格希文的才華，以格希文當時薪水的3倍請他做音樂秘書。可是柏林也勸告格希文：「不要接受這份工作，如果你接受了，最多只能成為個柏林第二。要是你能堅持下去，有一天，你會成為一流的格希文。」格希文接受了忠告，並漸漸透過自己的努力，成為當代極有貢獻的美國作曲家。

　　20世紀的電影大師卓別林開始拍片時，導演要他模仿當時的著名影星，結果他平平庸庸，一事無成。直到他開始改變，根據自己的特點來演活他自己才漸漸成功，成為一代電影大師。

如果你肯放手 就有機會選擇

許多成就顯赫的名人、偉人都具有獨立思考和堅持自己想法的思維品質和心理素質，因而從人們司空見慣的現象中發現問題，接著繼續勇往直前地追求，才能標新立異有所建樹。

這個世界上，我們每個人都是獨一無二的奇蹟，都是自然界最偉大的造化，長得完全一樣的人以前沒有，現在沒有，將來也不會有。只有正確認識自己的價值，對自己充滿自信，堅持不懈的去走屬於自己的人生道路，不斷發揮自身的潛力，才能將我們人生的意義充分展現出來。

現實中，即使是面對同樣一件事情，由於每個人的出發點和認知不同，就會得出完全不同的結論。

有一千個藉口哭泣，也要有

一千零一個理由堅強

畫個 圓 圈 的畫

　　有一位畫家，想畫出一幅讓所有人都喜愛的畫。

　　有一天，他終於畫出了一幅自己認為的得意之作，於是他就拿到外面去展出。他還在畫的旁邊放了一枝筆，要求各位觀賞者，在他們認為此畫畫的不好的地方畫個圓圈。

　　到了晚上，當畫家去取回畫時，發現整個畫面都畫上了圓圈，幾乎沒有一處不受指責，這讓畫家感到十分的失望。

　　過了一段時間，他又畫了一張同樣的畫，同樣拿到那裡展出。而這一次，他改變了方式，他要觀賞者將其最為欣賞的地方畫上圓圈。

　　到了晚上，當畫家取回畫時，一樣發現畫面又被塗滿了圓圈。只是，以前被一一指責之處，現在卻成了讚美的地方。

如果你肯放手
就有機會選擇

在某些人眼裡看來不好的東西，在另外一些人的眼裡卻是美好的。別人的意見，是他們對一件事情的判斷和結論，無所謂正確與否，但是如果我們只是不斷地在這些看法中徘徊，那我們必定會離成功的目標越來越遠。我們何必在乎人言可畏？尋找到適合自己的人生目標，並且敢於一直走下去，實現人生的目標就會成為可能。

有一千個藉口哭泣，也要有
一千零一個理由堅強

證明自己是一塊金子

伊安·吉格斯在十七歲那年，已經進入主力陣容並已代表曼聯踢了二十五場比賽。當時，曼聯足球俱樂部有很多球員都拿到了俱樂部配給的轎車，轎車都很漂亮。吉格斯覺得自己也應當有資格也能有這麼一輛，於是他去找老板，鼓起勇氣對老板說：「我現在已經進入主力陣容，而且踢得還不錯，我想我也應該得到配給的轎車。」

老板說：「你想得到一部車？一部俱樂部的車？你的意思是要得到一部自行車嗎？」

聽了老板的話，吉格斯差點氣暈了，但他沒有因老板的輕視而萌生去意，更沒有因此消極，而是忍著一口氣，把氣都用在了比賽上。因為他要用自己的實力證明他的價值，證明自己的實力絕不是只能配得到一輛自行車。在一九九一年曼聯同埃弗頓和曼聯同曼城的比賽中，吉格斯用盡全力，發揮了他的技

巧，而全場球迷們大呼：「喬治・貝斯特第二誕生了！」當年
那個因為得不到俱樂部便宜車而耿耿於懷的少年，現在已經擁
有了許多名車，在與曼聯足球俱樂部的新合約中，吉格斯的年
薪更是已經高達數百萬英鎊。

不要為別人的輕視和嘲笑而沮喪，只要你證明自己是一塊
金子，自然能將他們的眼睛照亮。你透過自己的努力獲得成
功，證明自己的能力便是對別人的輕視的最好答覆。

為自己吶喊加油，給自己一份執著，少一些失落，多一份
清醒。人生不相信眼淚，命運鄙視懦弱。困難和不順在所難
免，如果總是沮喪，生活便是荒蕪的沙漠，不如用自己的腳步
來踩死自己的影子。戰勝厄運，首先要為自己吶喊加油。

有一千個藉口哭泣，也要有
一千零一個理由堅強

奮鬥的收穫

　　有兩個人在大海上漂泊，想找一塊能生存的地方。他們遇到一座無人的荒島，島上雜樹叢生，蛇蟲遍地，處處都潛伏著危機，條件十分惡劣。其中有一個人說：「我就準備在這兒安家了。這地方現在雖然差了一點，但好好打理一下，將來會是個好地方。」而另一個覺得這樣惡劣的條件，需要多大的努力才可能變好呢？說不定一輩子都不可能。於是他繼續漂泊，後來他終於找到一座美麗的小島。他便留在那裡做了小工，很自在、愜意的住了下來。過了很多年，在一個偶然的機會，他經過那曾經放棄的荒島，於是他決定去拜訪老友。

　　一踏上陸地，島上的一切使他懷疑自己是不是走錯了地方了：島上有高大的房舍、整齊的田疇、健壯的青年、活潑的孩子……老友雖然也老了，但精神仍然很好，尤其當說起荒島變為樂園的經歷時，更是神采奕奕。最後老友指著整個島說：「

這一切都是我用雙手打拼出來的,這是我的島嶼。」

　　人生猶如遠航,艱苦卓絕並充滿未知的風險。在這樣的人生遠航中,我們樹立一個合適的人生目標不容易,是選擇安逸的生活還是選擇艱苦的奮鬥,因個人志向而不同。安逸的環境往往使人裹足不前,而困苦的環境卻能激發人的鬥志。只有你回過頭來時,會發現奮鬥的過程就是人生的完美的曲線。

　　人生之路上,會遇到太多的非議、太多的誘惑以及各種困難、挫折,這一切,都在不停地考驗著我們自己的想法,及我們之前所做的一切。換一個角度,從好的方面著想,從盲從中走出來,重新審視自己的定位,能活出自己的精彩而人生道路必將呈現不同的風景。這是一種樂觀的積極的生活態度。即使有一千個藉口哭泣,也要有一千零一個理由要堅強;即使只有萬分之一的希望,也要勇往直前,堅持到底。

有一千個藉口哭泣，也要有
一千零一個理由堅強

為自己**加油**

　　艾克斯家裡很窮，所以他沒機會上學，只能每天跟著父親在荒原上開墾、勞動。他在學校裡待的時間總共沒有超過一年，雖然家裡很窮，但是他並沒有因為自己的貧窮看輕自己，相反的，他把這種生活的不幸當成對自己的鍛鍊，在困境中，他學會了欣賞自己。

　　學會欣賞自己讓艾克斯有更大的動力勤奮學習。他一有機會就向別人請教，沒錢買紙、筆，他放牛、砍柴、挖地時懷裡也總抱著一本書，休息的時候，一邊啃著粗硬冰涼的麵包，一邊津津有味的看書。晚上，他在小油燈下常讀書讀到深夜。

　　長大後，艾克斯離開家鄉獨自一人外出謀生。他在工地上做過小工，在飯店當服務員，有時候找不到工作做就餓著肚子，但是不管怎樣惡劣的生活環境，他都不自卑，他始終對自

己抱著一種欣賞的態度，認為總有一天會發揮自己的才能，走上成功之路，正是這種心態讓他在不論多麼困苦的時候都沒有放棄過學習。

　　經過自己的不懈努力，他終於走上了成功的道路，在這個過程中，他為自己吶喊加油的心態給他帶來很大的自信和勇氣。在他２４歲那年，他參加考試考取了律師資格，終於成了一名優秀的律師，他的生活開始發生了翻天覆地的變化。當回首自己走過的路，他不無感慨的說：「要是我不懂為自己吶喊加油，在那樣的環境下，我早就放棄了，就不會有今天的我了。」

　　世界上每個有成就的人都是懂得為自己吶喊加油的典範，尤其是在困境中。他們不會自怨自艾，不會唉聲歎氣，他們會

有一千個藉口哭泣，也要有
一千零一個理由堅強

從一個積極的角度去看待自己遇到的困難。

　　這就是偉大的人與平凡的人之間的一個重要區別。有時閒暇之餘，為自己吶喊加油，其實自己也很真實，也很天真可愛，在我們的人生道路上，儘管沒有芳馨的鮮花為我們添香，卻有希望的綠野為我們舒展；儘管沒有雷鳴般的掌聲為我們喝彩，卻有恆久的信念在我們的心頭樹立；儘管在人生的航道上經歷了滄桑坎坷，征程上理想的風帆卻依舊高揚。多少次回味在烈日與風雨中苦苦追求的足跡，生命的旗幟儘管那樣平淡無奇，我們仍意志堅定──沿著自己的航線，航行過歲月的河流，走進一片美麗的綠洲。無須改變什麼，也無須挑剔什麼，自己就是自己──世界上獨一無二的自己，原本就很美，很獨特──只不過，我們仍需努力！

丟掉的推薦信

　　小李看到有家有名的中外合資企業在報紙上刊登的招聘廣告，心為之一動的投遞了履歷。在接到面試通知後，他準備了好幾天，因為從前的工作也曾和那家公司有過交往，所以知道那家公司的老總是很嚴厲的人。

　　為了保險起見，小李想辦法弄到了副市長的推薦信。面試的人很多，小李前面的一位面試者誠惶誠恐的對老總說：「請多關照。」老總卻搖搖頭，咄咄逼人說：「在我的公司，一個有實力有信心的人，是不需要他人關照的。」聽了那句話，小李為之一震。是啊，在我們做什麼都講究背景和關係的社會，其實最重要的還是擁有勝任工作的實力。

　　小李發現自己有點傻，推薦信能有什麼用？只會讓自己缺乏自信。直到面試結束，小李都沒有把那封費盡周折弄到手的推薦信拿出來。

　　離開的時候，小李把那封信揉成一團，扔到了牆角的紙簍

有一千個藉口哭泣，也要有
一千零一個理由堅強

裏。小李知道在所有的面試者中，自己並不是最優秀的。但幸運的是，小李最後卻被那家公司錄用了。後來，一個偶然的機會，小李看到了那封被他扔到紙簍裏的推薦信竟然擺在了老總的桌上，信上還有老總那剛勁的批字：「這樣的人，值得錄用。」

為自己吶喊加油的人是自信的人，欣賞自己的人總把自己當成自己最大的敵人。為自己吶喊加油的人是沒有偶像的，因為人們對於偶像的感情只能是崇拜和羨慕，可是如果一個人太崇拜和羨慕一個人，這樣也便失去了自我，很難掙脫。就像螢火蟲從來就不崇拜和羨慕太陽一樣，它只欣賞自己和欣賞太陽，所以才能到了晚上點亮「燈籠」，放出不一樣的光來。

在困境中，我們必須學會為自己吶喊加油，自我欣賞、自我品評，學會在無人喝彩的時候能照樣前進，而且走得更好。

如果你肯放手
就有機會選擇

第五章

不完美的自己，也是上帝最完美的禮物

　　每個人，生活在這個世界上，不可能永遠一帆風順的。生活或者生命中，難免會遇到這樣那樣的挫折與打擊。這些挫折與打擊，或許來自學習，或許來自工作，或許來自家人……總之，沒有哪個人的人生道路是永遠光明平坦的。

　　心態決定命運。一個人的心態決定做人、做事的行為方式，同樣，也就決定了其結果。生活是一面鏡子，你對它笑，它就對你笑，你對它哭，它就對你哭。不管你生活中遇到哪些不幸，都應該微笑地對待人生。

　　決定我們幸福與不幸福、快樂與不快樂的，不在於我們是誰，我們正在做什麼，我們有什麼，而在於我們怎麼想。只有擁有樂觀心境的人，博大胸襟的人，心懷淡泊的人，才能一次又一次地握住幸福與快樂之手。也只有樂觀的人，才能看到其他人所不能看到美好的世界。

不完美的自己，

也是上帝最完美的禮物

還好還有半杯水

　　有兩個人都很口渴，在面對桌面上的半杯水，積極的人說：「還好還好，這裡還有半杯水。」

　　而消極的人則會說：「真倒霉，這裡只剩下半杯水。」

　　有一句名言是這麼說的：「機會總是留給那些有準備的人」。

　　一個人成功不僅僅是機會在恩賜，也不僅僅是一個人能力的象徵，而是一個人的心態在做著最後的決定。

　　一個積極的人，機會和信心也就會跟隨而來，如果一個人心態消極，信心就會遠離他而去。

　　即使有再多的機會，也會相繼離去，最後仍是一場空。

心態消極的人即便是機會送上門來，也不會好好利用，就更不用說能有什麼出色的成功了。

即便是這兩種心態的人面對同樣的機會，效果也不相同。使用積極心態的人就能獲得人生中有價值的東西，而相反運用消極心態的人則只能看著幸福漸漸遠去，心裡懊悔，卻不見有任何行動。在積極的人眼中，杯子是半滿的，而消極的人，則永遠認為杯子是半空的。

不完美的自己，
也是上帝**最完美的禮物**

獲得好運的秘訣

　　曾經有一個經常被好運光顧，生活過得很好的女子說，她獲得好運的秘訣就是，每天早上出門，如果遇到晴天她就會跟自己說：「啊！這是個多麼美好的天氣啊！」如果遇到雨天，就講，「啊！這是一個多麼有情調的天氣啊！」坐上車她會想，今天是個幸運的日子。然後就會覺得每個人都在對她笑，而好運也就跟著來了。

　　這些話並不是一種迷信，而是生活真實的一種反映。在生活中總是保持一種積極的心態是非常必要的。「好運氣來自好心情」並不是一句空談，因為好心情來自好心態，而一個人的心態決定一切。

　　抱著一種積極樂觀的態度對待一切事物，那對你的心情，你的人生都會有很大的幫助。因為，有許多事情都不是你能左右的，你只能是被動地接受，而在接受的過程中，抱著一種什

麼的樣的態度很重要。如果是抱著一種積極樂觀的態度，也許你就會一笑了之，泰然處之；如果是抱著一種消極的態度，也許就會長期鬱悶而一蹶不振的；但無論是什麼樣的一種態度，都不會影響事情的結果，只是對自己損傷的程度不同罷了。

　　持續消極的心態，會使希望泯滅。人的一生中，有兩帖藥是很致命的，一帖是時間，而另一帖就是消極心態。消極心態會在不知不覺中摧毀人們的信心，使人們看不到將來的希望，也就激發不出現在的動力，最終使希望泯滅。最後就使人慢慢地走向意志消沉，最終就成了一個失去任何動力的消極者，成功也就離這類人越來越遠。

不完美的自己，
也是上帝**最完美的禮物**

你還是**走吧**

一個年輕人搬家到了一個非常漂亮的地方。他想瞭解一下這裡的人情世故怎樣，便問一個老先生：「這裡如何？」老先生並沒有直接回答，而是反問到：「你的家鄉如何？」

「那裡糟糕透了，根本就不適合我們居住，總是讓人覺得很討厭，所以我想搬到這裡來！」老先生聽完很嚴肅地對這個年輕人說：「那你還是走吧，這裡和你家鄉一樣讓你討厭。」

一個人如果懷有消極的人生態度，那麼他無論走到哪裡，都不可能真正使自己的內心平靜下來、取得成就。想要改變自己的世界，那麼我們首先要做的就是改變自己的心態，擁有了積極的心態，我們就擁有了美麗的世界。

每個人都要學會微笑地對待大生，不管生活如何的艱難，都要相信一切都會過去的，有句歌詞這樣唱道「陽光總在風雨後，烏雲上有晴空，珍惜所有的感動，希望就在你手中」。

幫助蝴蝶的小孩

有一天，一個小男孩在花園裡玩，突然，他發現了一個蛹。小男孩非常興奮，他把蛹帶回了家。

過了幾天，小男孩發現蛹上出現了一些細小的裂縫，裡面似乎有一個東西在動。又過了幾天，裂縫更大了。小男孩仔細地觀察這個蛹，發現裡面竟然有一隻蝴蝶！這隻小蝴蝶在裡面不斷的掙扎身體！

整整好幾個小時過去，小蝴蝶仍然努力掙扎著要爬出蛹。但是，它的身體似乎被什麼東西卡住了，看上去非常痛苦。小男孩有點著急了，他不忍心蝴蝶被卡在裡面。於是，他拿來一把剪刀，輕輕地把蛹殼剪開，蝴蝶脫蛹而出了。

看著身體臃腫的蝴蝶，小男孩輕輕的鬆了口氣。

但是，蝴蝶卻躺在地上無法動彈。原來，它的翅膀需要經

不完美的自己，
也是上帝最完美的禮物

過不斷掙扎才會強壯。儘管小男孩的幫助讓蝴蝶提前從蛹中出來了，但是，由於蝴蝶的翅膀還沒有成熟，不久蝴蝶就死了。

　　生物學家說，飛蛾在由蛹變繭時，翅膀萎縮，十分柔軟；在破繭而出時，必須要經過一番痛苦地掙扎，身體中的體液才能流到翅膀上去，翅膀才能充實、有力，才能支持它在空中飛翔。同樣道理，一個人的成長必須經歷各種磨難和挫折，他才能足夠強壯。如果缺少必要的磨難和挫折，他就無法堅強地面對生活，勢必會走向毀滅。

　　人生的道路，有平坦，也有險阻，有鮮花，也有荊棘……不可能一帆風順，卻常遭遇艱難困苦。《增廣賢文》有言：「成人不自在，自在不成人。」要想把握自己的命運，必須在磨難中堅強，於挫敗後奮起。

如果你肯放手
就有機會選擇

船到橋頭自然直

　　有人曾説：「悲觀的人，先被自己打敗，然後才被生活打敗；樂觀的人，先戰勝自己，然後才戰勝生活。」

　　積極的心態能把人帶向成功的彼岸，而消極的心態卻能把人帶向失敗的峽谷。積極的心態能創造一切，而消極的心態卻只會摧毀一切。有的人相信，不管遇到什麼困難，總有一天，自己能克服它，渡過難關。而有的人，遇到點困難，就開始懷疑自己，開始不自信，甚至開始怨天尤人，以為自己遇到了絕境。

　　心態是我們命運的控制塔，因此心態決定成敗，選擇了積極的人，就能到達成功的彼岸，而選擇了消極的人，則只能遭遇失敗。

　　在《聖經》箴言篇第２３章第７節中，所羅門說：「他的心怎樣思量，他的為人就是怎樣。」而人心中的這種思量，在

不完美的自己，
也是上帝最完美的禮物

很大程度上就是一個人的心態。如果一個人一直在思量自己要過得開心快樂，那他就是積極的心態，因此他們也就每天都能收穫很多的快樂。

如果一個人每天都在思量自己的煩心事，那就是消極的心態，每天收穫的也只能是那些疲憊的心靈碎片。

這並不是信口開河，因為不管是心理學還是社會學，都能證明心態會讓人的工作生活帶來很大的影響。特別是被同一種心態持續地籠罩下，效果更加明顯。

比如說，一個人持續地擁有消極的心態，那他就會在關鍵時刻散佈疑雲。不相信別人的話，不相信別人的勸告，甚至會不相信自己的眼睛，不相信自己的耳朵。正是這一系列的不相信，使這個人在不知不覺中失去了很多東西，比如說成功的機會與信心。

如果你肯放手 就有機會選擇

一個人成功不僅僅是機會在作怪，也不僅僅是一個人能力的象徵，而在很大程度上是一個人的心態在做著最後的決定。一個人要是心態積極，那麼機會和信心也就會跟隨而來，如果一個人心態消極，信心就會遠離他而去。即便有再多的機會，也會相繼離去，最後就是一場空。

「機會總是留給那些有準備的人」。這說明了一個人為什麼總是能成功，為什麼總是有那麼多好的機會在等著他。原因僅僅是他們有著很好的心態一直在等待著，一直在準備著機會的到來。而那些心態消極的人即便是機會送上門來，也不會好好利用，就更不用說能有什麼出色的成功了。

不完美的自己，
也是上帝 最完美的禮物

「野馬」之父的奇蹟

亞科卡的一生充滿著挫折與坎坷。在工作一段時間後，他選擇了做推銷員，開始了他一生艱辛的經營生涯。

亞科卡努力工作，終於在福特公司獲得了晉陞的機會。可是，好日子沒過多久，當時美國經濟的不景氣便影響到了福特公司。公司大批減員，亞科卡又重新做起推銷員的工作。

後來，亞科卡憑著自己的努力，當上了費城地區的助理銷售經理。與公司共患難度過了幾年後，福特公司決定把主要精力放在汽車的安全設備上，亞科卡是這次改革的主要發起者。

但是，這次亞科卡失敗了，他遭受了沉重的打擊。

失敗並沒有影響到亞科卡積極創新的精神，他愈挫愈勇，又組織開發「野馬」車，創造了汽車銷售史上的奇蹟，亞科卡

也因此被稱為「野馬」之父。正當亞科卡在福特的業績越來越輝煌時，他受到了亨利·福特二世的排擠，被解雇了。不僅如此，由於受亨利的威脅，朋友們也不敢和他來往，這位汽車奇才和他的全家陷入極大的痛苦之中。

但亞科卡並沒有向命運屈服，他決心再次尋找施展才華的機會，接受了瀕臨破產的克萊斯勒公司的聘請，擔任總裁。經過幾年的努力，克萊斯勒公司走出了困境，一年營業額達到幾十億美元。

亞科卡的積極態度，使他在面對各種挫折時，總能勇敢面對，想辦法克服。就在一次次的克服困難又一次次的起死回生之後，他創造出了一個個「神話」，進而走到了人生的輝煌顛峰。

不完美的自己，
也是上帝最完美的禮物

　　比爾‧蓋茲曾在一次大學演講時說：「我曾遇到過許多困難和挫折，甚至有時看上去似乎是致命的打擊，但是我總是在心裏告誡自己遇到什麼坎坷——不管它是先天的缺陷還是後天的挫折，都不能憐惜自己，而要咬緊牙關挺住，然後像獅子一樣勇猛向前！」結果比爾‧蓋茲贏得了成功。

　　困難與磨鍊是人人都可能遇到的，成功的關鍵要看我們如何應對。

心靈的園丁

莎士比亞在談到人生的處境時曾經打過一個經典的比喻，他說：「我們的身心就是一個園圃，而我們的主觀意志就是園圃的園丁。不論我們是種植奇花異草還是單獨培植一種樹木，還是任其荒蕪，那權力都在我們自己。」

也就是說，不管我們處於什麼樣的環境，我們都可以把它當做自己的福地。成功之時盡情享受成功的喜悅，處於逆境的時候為未來的成功吸取教訓，今天的失敗是為了明天的不敗，為未來歡樂。

失敗不可避免，我們只有勇敢地面對它，要經得起打擊。梅花戰勝嚴寒，才贏得世人欽佩；青松傲立於風霜，方顯得挺直峻拔。我們說：平靜的湖田，培養不出精悍的槳手；安逸的環境，鑄造不出時代的偉人。

不完美的自己，
也是上帝**最完美的禮物**

　　面對挫折，保持積極的態度，告訴自己：「挺著！前面的道路會更寬！」鼓勵自己邁過人生的一個又一個挫折，創造人生的輝煌。向著人生的制高點，向著既定的理想努力，現在只不過是黎明前的黑暗，戰勝自己，成功就在眼前，相信風雨之後就是彩虹。

　　面對挫折與困難需要信心，還得有勇氣，樂觀地看待這一切。只有經歷過嚴寒酷暑的人，才能體會到春天的溫暖。不怕磨礪，學會從苦難中學到知識，並迅速成長。面對自己的人生要保持樂觀的心態。讓我們面帶微笑，走過今天，走進明天，走進燦爛的陽光。

如果你肯放手
就有機會選擇

 # 走出紛擾和痛苦

哲學家巴爾扎克的一生，命運坎坷。他幼年就缺乏母愛，母親對他冷漠無情，他成為家裡多餘的人。

巴爾扎克後來回憶這段生活時，曾憤恨不平的說：「我從來不知道什麼叫『母愛』，我經歷了人的命運中所遭受的最可怕童年。」

長大後，巴爾扎克立志要從事清苦的文學創作，當一個「文壇國王」。

從１８１９年夏天開始，他就整天在一間閣樓裡伏案寫作。閣樓咫尺見方，簡陋寒酸，夏天熱氣騰騰，冬天寒風颼颼。巴爾扎克沒日沒夜地不停的寫著。在與書商打交道的過程中，巴爾扎克不斷受騙，以致負債纍纍。

為了躲債，他曾６次搬家。他對朋友說：「我經常為一點麵包、蠟燭和紙張發愁。債主迫害我像迫害兔子一樣，我常常

不完美的自己，
也是上帝**最完美的禮物**

像兔子一樣四處奔跑。」但是他仍不退縮的繼續朝他的人生目標「文壇國王」之路前進……

　　1850年8月21日，在巴爾扎克的葬禮上，雨果所致的悼詞中有這樣一句話：「在偉大的人物中間，巴爾扎克是最偉大的一個；在優秀的人物中間，巴爾扎克是最優秀的一個……這個堅強的、永遠不停止奮鬥的哲學家、思想家、詩人、天才作家，在我們中間，卻過著風風雨雨的生活，遭逢了任何時代一切偉人都遭逢過的惡鬥和不幸。如今，他走了，也走出了紛擾和痛苦。」

　　困難給人寶貴的磨煉機會。只有經得起困難考驗的人，才能成為真正的強者。只要有信心，有恆心，有勇氣，有毅力的精神，即使眼看山窮水盡，仍要想到會峰迴路轉，柳暗花明。

唉聲歎氣不是辦法，幻想憧憬不是辦法……只有信心十足地去做，才能走出困境。

　　人生難免會遇到坎坷和阻礙。如果平時走慣了平坦路，聽慣了順耳話，做慣了順心事，那麼，一旦他們遇到困難，就會不習慣，甚至會束手無策，這樣往往容易導致失敗。而經歷了多種困難，一個人可能會變得越來越強。所以，從這個角度來講，遇到困難未嘗不是一件好事。

　　俗話說：「自古雄才多磨難，從來紈褲少偉男。」雄才們大多經過逆境的種種磨難，面對逆境，不怨天尤人，不自憐自歎；他們咬緊牙關，奮力抗爭，以不屈不撓的精神，戰勝逆境，成為強者。

不完美的自己，

也是上帝**最完美的禮物**

把困難當**墊腳石**

　　一個叫皮特的美國中學生在假期參加學生勞動。

　　老師說：「你們開始必須塗抹和粉刷廠房的外牆，以練習技巧。」

　　這一天，皮特在炎熱的太陽下連續實習工作了好幾個小時，雙手痠軟，疲憊得很。回到家中，皮特忽然意識到：一個人最好的朋友是他的雙手。看看廠裡每天辛勤工作的人們！這讓皮特逐漸學會了如何去尊重正直而誠實的勞動者。

　　「記得那天我剛刷完第一面牆時，幾乎所有在近處幹活的工人都跑過來為我鼓掌。」這天的記憶一直珍藏在皮特的腦海中。

　　「在這個勞動的夏天，我獲得了許多新的技巧和新的價值觀；學習到必須尊重勞動者，哪怕他只是一個打零工的小夥計。」他領悟到由誠實勞動所結的果實是最甜蜜的。

如果你肯放手 就有機會選擇

　　沒有風吹雨打，哪會有秋實的成熟；沒有刺骨的寒風，哪會有松柏的堅韌。在逆境中，不要一味地怨天尤人，要多考慮怎樣克服困難。彼得遜說過：「人生中，經常有無數來自外部的打擊，但這些打擊究竟會對你產生怎樣的影響，最終決定權在你自己手中。」

　　學會堅強，學會抗爭，用奮鬥掃除困難，這將會成為我們巨大的財富。奧斯特洛夫斯基說過：「人的生命，似洪水在奔流，不遇著島嶼、暗礁，難以激起美麗的浪花。」

　　我們沒有理由讓困難壓倒，必須學習把困難當墊腳石，踩著困難成長！

不完美的自己，
也是上帝**最完美的禮物**

缺了一邊的牡丹畫

著名的國畫家俞仲林擅長畫牡丹。

有一次，某人慕名要了一幅他親手所繪的牡丹，回去以後，此人高興地掛在客廳裡。

但是此人的一位朋友看到了，大呼不吉利，因為這朵牡丹沒畫完全，缺了一部分，而牡丹代表富貴，缺了一角，豈不是「富貴不全」嗎？

此人一看也大為吃驚，認為牡丹缺了一邊總是不妥，還拿回去準備請俞仲林重畫一幅。

俞仲林聽了他的理由，靈機一動，告訴買主，既然牡丹代表富貴，那麼缺一邊，不就是「富貴無邊」嗎？那人聽了他的解釋，覺得有理，又高高興興的捧著畫回去了。

同一幅畫，因為看的人不同，便產生了不同的看法，這就是不同心態所起的作用。凡事都往好處想的人，大多數都能積極面對生活中的一切，享受幸福，創造快樂。反之，一遇到問題就消極應對，整天愁眉苦臉的人，一生只能被困苦纏繞，被煩惱包圍。

人生如同一艘在大海中航行的帆船，掌握帆船航向與命運的舵手便是自己，有的帆船能夠乘風破浪，有的卻折戟沉沙，會有如此大的差別，不在別的，而是因為舵手對待生活的態度不同。樂觀者即使在浪尖上也不忘微笑；悲觀者即使起一點風也會讓他們心驚膽戰。一個人或是面對生活閒庭信步，抑或是消極被動地忍受人生的淒風苦雨，都取決於對待生活的態度。

不完美的自己，
也是上帝最完美的禮物

被放棄的石油城

　　奧斯卡在火車站上，等候搭乘火車往東邊去。他在氣溫高熱的西部沙漠地區已經待了好幾個月。奧斯卡是麻省理工學院的畢業生，他正在為一個東方的公司探勘石油。

　　在前幾天，奧斯卡得知：他所在的公司因無力償付債務而破產了。

　　他失業了，感覺自己前景相當暗淡，這種消極的思想嚴重的影響著他。由於他必須在火車站等待幾個小時，於是決定在那架起探測石油的儀器來消磨時間。而儀器上的讀數顯示車站地下蘊藏有豐富的石油。

　　奧斯卡由於失業的挫折，正處在消極思想的影響下，所以不相信這一切，他在盛怒中踢毀了那些儀器。他十分激動的反覆叫著：「這裏不可能有那麼多石油！這裏不可能有那麼多石油！」

　　那天，奧斯卡不知道他丟下了一個全國最富饒的石油礦藏地離開了。不久之後，人們就發現車站地下埋有石油。而簡單的說，這整座城就是浮在石油上。

　　悲觀主義者說：「人活著，就有可能陷入不幸。」一點點的挫折，也能認為自己是天下最苦命的人。悲觀主義者用不幸、痛苦、悲傷做成一間屋子，然後自己鑽了進去，並大聲對外界喊著：「我是最不幸的人。」他們內心失去了寧靜，於是不平、羨慕、嫉妒、虛榮、自卑等悲觀消極的情緒應運而生，是自己拋棄了快樂與幸福，是自己視快樂與幸福而不見。

　　樂觀主義者說：「人活著，就有希望，有了希望就能獲得幸福。」他們能於平淡無奇的生活品嚐到甘甜，因而快樂如清泉，時刻滋潤著他們的心田。

不完美的自己，
也是上帝**最完美的禮物**

快樂的角度

　　一個中樞神經殘廢，肌肉嚴重衰退，失卻了行動能力，手不能寫字，話也講不清楚，終生要靠輪椅生活的青年，憑藉一個小書架，一塊小黑板，還有一個他以前的學生做助手，竟然在天文學的尖端領域──黑洞爆炸理論的研究中，透過對「黑洞」臨界線特異性的分析，獲得了震動天文界的重大成就。

　　他的名字叫史蒂芬‧霍金，是個英國人，當時只有３５歲。

　　更有趣的是，雖然是位天文學家，他從不用天文望遠鏡，卻能告訴我們有關天體運行的許多秘密。

　　他每天被推送到劍橋大學的工作室裡，做著他饒有興味的研究工作。

　　而他也因此榮獲了１９８０年度的愛因斯坦獎金。

如果你肯放手 就有機會選擇

不幸的扼殺是殘酷的，然而很多人在這種不幸的扼殺下，沒有放棄自己的信念，反而越是不幸越是造就了他們堅強的性格，更增強了他們的樂觀信念。上天不會給我們快樂，也不會給我們痛苦，祂只會給我們生活的材料。要調出什麼味道的人生，是在我們自己。你可以選擇一個快樂的角度去看待它，也可以選擇一個痛苦的角度。像做飯一樣，可以做成苦的，也可以做成甜的。

所以，你的生活是笑聲不斷，還是愁容滿面，是披荊斬棘，勇往直前，還是縮手縮腳，停滯不前，不在他人，都是在你自己。

187

不完美的自己，
也是上帝最完美的禮物

但願人長久

　　蘇東坡的仕途之路異常坎坷，在４２年的官宦生涯中，三分之一的時間是在流放中度過。但他並沒有自暴自棄，反而將一腔悲憤化作了文學創作的動力，寫下了《念奴嬌‧赤壁懷古》等流傳千古的佳作。

　　蘇東坡最後一次流放到儋州（現海南省儋州縣）時，已６２歲高齡。

　　蘇東坡當時是抬著棺材去的，怕自己在當地待得太久，不能活著回來。但他的樂觀造就了頑強的生命力，促使他在惡劣的環境中挺了過來。

　　「心煩手不閒，手忙心怡然。」蘇東坡在流放中，沒有無所事事，反而事必躬親，進而發展出耕地、烹調的愛好。他成功的把入世心態很快地轉變為「聊從造物游」的出世心態，並

激發出獨特的創造力。最典型的是，蘇東坡在下放黃州、惠州期間，創造出東坡肉、東坡鯽魚、東坡豆腐等菜品，至今還被人們津津樂道。

　　這是另一種不幸的狀態，在這麼大的不幸面前，還是有人從中崛起了，而且那麼的令世人敬仰，成為這個世界不幸者增強自己信念的一個神話。

　　一個人快樂與否，不在於他處於何種境地，而在與他是否有一顆樂觀的心。對於同一輪明月，在柳永眼裡就是「楊柳岸，曉風殘月。此去經年，應是良辰好景虛色」。而到了瀟灑飄逸的蘇軾眼裡就成了「但願人長久，千里共嬋娟」。

不完美的自己，
也是上帝最完美的禮物

小林的「獅王」

「獅王」品牌的創始人小林富次郎從新潟來到東京的時候，是一個一文不名的年輕人。

他在一家肥皂廠裏工作，由於他的工作認真負責，很快被提拔為銷售科長。經過幾年的努力，小林擔任了業務經理。生活安定，工作順利，小林收養了兩個親戚的小孩做養子和養女，可惜這家公司在激烈的市場競爭中慘敗，他失業了，迫不得已，只好把養子送到書店做學徒。

失業後的小林被一家火柴製造商收留，並被派到宮城縣經營火柴棒木材，可是這一次生意又遭失敗。頻頻的打擊、屢戰屢敗的教訓使他感覺希望渺茫，小林準備投河了卻自己的一生。

可就在他跳河前的瞬間他想起了《聖經》裏面關於人要珍

惜生命的勸告，於是他打消了自殺的念頭。

　　七年後，小林因患眼疾，一隻眼睛失明，另一隻也成了高度近視。為了生存，他只好和妻子開了一家小餐館來糊口。小林過去的老闆知道了他的處境後十分同情，主動出錢為他們家開了一家經營肥皂製造原料的商店，這使小林的生活再一次獲得了保障。

　　但是小林並不甘心就這樣了此一生，他把當學徒的養子叫回來，指導他在店內試驗生產牙粉。一八九七年，小林的牙粉製作獲得成功，他將這種牙粉命名為「獅王牌」。後來，「獅王」牙膏、洗衣粉相繼上市，這種品牌一經上市便深受家庭主婦的青睞。

　　小林富次郎一直認為自己的後半生是撿來的，因此對他的事業愈加珍惜。

不完美的自己，
也是上帝 **最完美的禮物**

　　人的精華——思維著的大腦依然蓬勃的工作著，就有無可限量的人生希望和創造潛力，就不存在不能克服的困難。

　　在這裡，悲觀或者樂觀，堅強或者懦弱，前進還是退卻，依附還是自立，像效率可靠的閥門一樣，給人的生存智慧開啟著成功之路或自棄的際遇。他們在不幸面前，成長為一個聰明人。

　　對成功者來說，不論他的生存條件如何，都不會磨滅自身潛藏的智能，不會自貶可能達到的人生高度。他會鍥而不捨的去克服一切困難，發掘自身才能的最佳生長點，揚長避短地、踏踏實實朝著人生的最高目標堅定地前進！也為了美好的人生，給心靈一條自由的通道。

上帝咬了一口的蘋果

一個天生殘疾的美國小男孩。他只有一個耳朵能聽到聲音，只有一條胳膊是健康的。

雖然他的父母很愛他，他還是在成長的過程中，發現了自己的「與眾不同」。

從那一天起，他開始害怕上學，他覺得自己像個怪物。很討厭自己！他很自卑，覺得自己不該來到這個世界上。他不明白，為什麼同樣是人，別的小朋友都可以那麼漂亮，健康的成長。自己卻落得這般模樣？

他開始越來越遠離大家。他變得越來越冷漠，不快樂，儘管老師，家長、同學都很努力的關心他、愛護他，他還是很絕望。一天，班裡來了新老師。新老師年輕又漂亮，眼睛永遠是微笑的。所有小朋友都喜歡她！小男孩也不例外。可是，他不

不完美的自己，
也是上帝 最完美的禮物

敢多看老師一眼，他覺得自己不配像其他小朋友一樣去享受老師的愛。新老師注意到了這個「與眾不同」的小男孩。有一天上課的時候，老師講了一個小故事。

　　她說「我們每個人來到這個世界以前。都是上帝盤子裡的蘋果。有的蘋果大，有的蘋果小。上帝很鍾愛這些蘋果。於是，幫每個蘋果都取了很好聽的名字。上帝每天都擦擦他的蘋果，欣賞他的蘋果。在來到人間之前，每個蘋果都要被上帝咬一口。可是，由於上帝太偏愛其中的某些蘋果了，忍不住就多咬了一口。於是，那個被上帝多咬了一口的蘋果來到人間，就變得與眾不同。」但是，上帝沒有忘記他！因為他是最好的蘋果！所以，他就要變得更堅強！更幸福！小朋友們聽得特別入神。

　　漂亮的女老師接著說，我就是那個被上帝多咬一口的蘋果。老師從小就只有一隻眼睛能看見大家的微笑。但是，老師很開心！因為，我被上帝多咬了一口！他多麼偏愛我啊！我們

班上，還有沒有像老師一樣？被上帝多咬一口的蘋果呢？小朋
友們羨慕的張望。

　　最後，把眼光鎖在了角落裡的小男孩身上。小男孩，在成
長的那麼多年裡。第一次覺得自己很自豪、很漂亮。他默默地
站起身來，第一次把胸脯挺得直直的。從此以後，他再沒有低
過頭，再沒有放棄生活。在以後的學習，生活中都很出色。最
後，成為了美國政府中的要員。

　　他在每次演講時，都不忘記跟別人講起這個蘋果的故事。
也不會忘記介紹自己，是那顆被上帝多咬一口的蘋果。

　　上帝是一個饞嘴的孩子，酷愛吃蘋果，而且只咬一口就扔
掉，再去尋覓其他蘋果。我們每個人都是被上帝咬過的「蘋
果」，我們每個人的生命都是有限的、不完整的，只是某些人

不完美的自己，
也是上帝**最完美的禮物**

特別受到上帝的鍾愛，所以也咬得特別重。

我們每一個人都是被上帝咬一口的蘋果，我們都不完美！不完美的自己才是真正的自己，才是能體現自我個性的自己，所以我們要愛不完美的自己，追求更有意義的東西，從而彌補自己的不完美之處。一個人只有真心地愛自己，才可能得到更多人真心的愛和尊重。誰都不可能完美無缺，只有從內心接受自己、喜歡自己、欣賞自己，坦然地展示真實的自己，才能擁有成功快樂的人生，沒有必要去掩飾自己的缺陷，儘管你是不完美的，但你仍是獨一無二、不可替代的，你喜歡自己，別人才會喜歡你；你珍視自己，別人也就會珍視你。

愛自己的缺點

　　一名建築工人告訴他的心理醫生，説他參與過許多有名的建築打造工程，但是他自己卻沒有任何成就感。相反的，他恨自己，有時甚至想從建築工地的高樓上跳下去算了。

　　為了幫助他，醫生詢問他過去的生活。建築工人説，他這一生總有擺脫不了的煩惱。小時候上學，老師説他笨，説他就是廢物。他忘不了老師説的那些話。從那以後，他一直恨自己。學習成績一落千丈，好幾科功課不及格，最後還逃學了。從此，他認為自己是個失敗者。

　　後來的人生中，他當過士兵，打過仗；他在建築業蕭條的時候當上了建築工人；結了婚，現在也有五個小孩；因為他的長女在上大學，曾向他介紹過這位醫生寫的書。因此他才來找這位醫生，希望能得到幫助。

不完美的自己，
也是上帝最完美的禮物

　　醫生對他説：「你應該這樣對待自己，你失敗過，你為什麼就不能有失敗呢？每個人都會有失敗，但你應該看到成功。擺脱過去，看一看自己已經取得的成績。這些年來，你工作穩定。你已成為一個有用的人，也結了婚，有了五個孩子。五個孩子快長大成人了。女兒又上了大學，你用自己的辛勤勞動支持他們，看到他們成長，你想這不是成功又是什麼？」

　　工人臉上掠過一絲微笑説：「我從來沒那麼想過。」

　　「別再依依不捨那些失敗了。」

　　這位醫生説：「你已經成功了，想想這些成功吧。這樣，你就會知道什麼叫享受，你就會笑得更多。」

　　一個聰明人並不會為他所缺少的感到悲哀，而是為他所擁有的感到欣喜。會享受的人能夠超越消極的情緒，每當他想起新的生活，新的經歷，他就興奮不已。他不怕恐懼，不怕變化

。他面對現實，背對過去。

愛自己包括愛自己的缺點，因為這是你的一部分，就如同我們是上帝的一部分，創造我們的智慧，不會因為我們犯錯而厭惡我們，或對我們發怒。每個人都曾經犯過錯，如果我們還在懲罰自己，那懲罰將成為習慣，讓人不能釋放，也不能找到積極的解決辦法。

愛自己的缺點，因為世界上並不存在任何完美的事物。所以我們不應該總是期待著完美而對自己過於挑剔。

199

不完美的自己，

也是上帝**最完美的禮物**

快樂的磨坊主

　　從前，在迪河河畔住著一個磨坊主，他是英格蘭最快活的人。他從早到晚總是忙忙碌碌，同時像雲雀一樣快活地唱歌。他那樣樂觀，以致使其他人都樂觀起來。這一帶的人都喜歡談論他愉快的生活方式。

　　一位總是覺得自己不快樂的國王聽說了他的事，決定要去找這個奇特的磨坊主談談。他說：「也許他可以告訴我怎樣才能愉快。」

　　他一走進磨坊，就聽到磨坊主在唱：「我不羨慕任何人，不，不羨慕，因為我要多快活就有多快活。」

　　「我的朋友。」國王說：「我羨慕你，只要我能像你那樣無憂無慮，我願意和你換個位置。」磨坊主笑了，給國王鞠了一躬。

　　「我絕對不會和您調換位置的，先生。」他說。

「那麼，告訴我。」國王說：「什麼使你在這個滿是灰塵的磨坊裏如此高興、快活呢？而我，身為國王，每天都憂心忡忡，煩悶苦惱。」

磨坊主又笑了，說道：「我不知道你為什麼憂鬱，但是我能簡單的告訴你，我為什麼高興。因為我自食其力，我愛我的妻子和孩子，我愛我的朋友們。他們也愛我。我不欠任何人的錢。我為什麼不應當快活呢？這裏有這條河，每天它使我的磨坊運轉，磨坊養我的妻子、孩子和我。」

「不要再說了。」

國王說：「我真的很羨慕你，你這頂落滿灰塵的帽子比我這頂金冠更值錢。你的磨坊給你帶來的要比我的王國給我帶來的還多。如果有更多的人像你這樣，這個世界該是一個多麼美好的地方啊！」

不完美的自己，
　　也是上帝**最完美的禮物**

　　故意去找尋快樂，往往找不到，反而帶來空虛和煩惱。但有時在有意無意之間，愉快的事情卻如不速之客，突然到來，令人捉摸不定。

　　其實生活原本就是這樣，不要過分挑剔，不要時刻抱怨，懂得感恩和接納，善待自己，愛不完美的自己，這才是最重要的。一個人只有真心地愛自己，才可能得到更多人真心的愛和尊重！

大學生的回報

很多年以前，有兩個窮小夥子在史丹福大學邊上學邊打工。生活學習都太艱難了，他倆想和一位著名的鋼琴家合作，為他舉辦獨奏音樂會，順便賺點錢交學費。

這位鋼琴家就是帕德列夫斯基。他的經紀人和小夥子說明，鋼琴家演奏會酬勞要兩千美元。也就是說，必須賺到兩千美元以上，其餘的錢才能歸小夥子們。這筆錢在當時不是小數目，但卻是鋼琴家表演的最低價碼，不能再少了。兩人答應了並開始拼命籌備，但是直到音樂會開完了，他們發現總共只賺到一千六百美元。

懷著忐忑的心情，小夥子們去找鋼琴家。他們把所賺的一千六百美元全給了他，還附了一張四百美元的空頭支票，對鋼琴承諾他們一定會把剩下的四百美元賺到，錢一到手，就

不完美的自己，
也是上帝最完美的禮物

會立刻送來！「不，孩子們，」

帕德列夫斯基回答說：「不必這樣，完全不必。」

說完他把支票撕成了兩半，並把一千六百美元也送還到他
們手上：「從這些錢裏扣除你們的食宿費和學費。剩下的錢再
多拿去１０％，那是你們工作的報酬，其餘的才歸我。」

許多年過去了，當第一次世界大戰結束時，帕德列夫斯基
正擔任波蘭的國家總統。

大戰後成千上萬饑餓的人民在呼救。身為總統的他四處奔
波，付出了艱苦的努力。當時，能切實幫助他的只有一個人，
就是美國食品與救濟署的署長赫伯特・胡佛。

胡佛得到了求救的資訊後，立刻答應支援了。不久，成千
上萬噸食品運到波蘭救了許許多多的饑民。後來，帕德列夫斯
基總統在法國巴黎見到了胡佛，當面向他感謝。

胡佛回答說：「不用謝，完全不用。帕德列夫斯基先生，有件事你也許早忘了。很多年前，有兩個窮大學生生活很困難，是你幫助了他們，其中一個就是我。」

在別人困難時幫人一把，其實也是在幫自己。事事皆有回報，懂得這些，困難時我們才會得到別人真誠的幫助。

心靈典藏：03

如果你肯放手，就有機會選擇

編著◇鄭宇晴

出 版 者◇大拓文化事業有限公司

執行編輯◇林美玲

社址◇22103 新北市汐止區大同路三段 194 號 9 樓之 1

TEL◇(02)86473663

FAX◇(02)86473660

總經銷◇永續圖書有限公司

劃撥帳號◇18669219

地址◇22103 新北市汐止區大同路三段 194 號 9 樓之 1

TEL◇(02)86473663

FAX◇(02)86473660

E-mail◇yungjiuh@ms45.hinet.net

網址◇www.foreverbooks.com.tw

法律顧問◇中天國際法律事務所涂成樞律師、周金成律師

出版日◇2011 年 5 月

Printed Taiwan, 2011 All Rights Reserved

國家圖書館出版品預行編目資料

如果你肯放手，就有機會選擇/ 鄭宇晴 編著.

-- 初版 . --新北市；大拓文化，民100.5

面： 公分 . --（心靈典藏： 03 ）

ISBN 978-986-6145-17-9（平裝）

191.9   100005464

大拓 讀者回函卡

Talent Tool

謝謝您購買這本書。

為加強對讀者的服務，請您詳細填寫本卡，寄回**大拓文化**；並請務
必留下您的E-mail帳號，我們會主動將最近"好康"的促銷活動告
訴您，保證值回票價。

書　　名：**如果你肯放手，就有機會選擇**

購買書店：＿＿＿＿＿＿＿市／縣＿＿＿＿＿＿＿＿＿＿書店

姓　　名：＿＿＿＿＿＿＿＿＿　生　　日：＿＿年＿＿月＿＿日

身分證字號：＿＿＿＿＿＿＿＿＿＿＿＿＿＿＿＿＿

電　　話：(私)＿＿＿＿＿(公)＿＿＿＿＿(手機)＿＿＿＿＿

地　　址：□□□□□＿＿＿＿＿＿＿＿＿＿＿＿＿＿

E - mail：＿＿＿＿＿＿＿＿＿＿＿＿＿＿＿＿＿＿

年　　齡：□20歲以下　　□21歲～30歲　□31歲～40歲
　　　　　□41歲～50歲　□51歲以上

性　　別：□男　□女　　婚姻：□單身　□已婚

職　　業：□學生　　　□大眾傳播　□自由業　□資訊業
　　　　　□金融業　　□銷售業　　□服務業　□教職
　　　　　□軍警　　　□製造業　　□公職　　□其他

教育程度：□國中以下（含國中）　□高中以下
　　　　　□大專　　□研究所以上

職 位 別：□在學中　□負責人　□高階主管　□中級主管
　　　　　□一般職員　□專業人員

職 務 別：□學生　　　□管理　　□行銷　□創意　□人事、行政
　　　　　□財務、法務　　□生產　□工程　□其他＿＿＿＿＿

您從何得知本書消息？
　　　　□逛書店　　□報紙廣告　□親友介紹
　　　　□出版書訊　□廣告信函　□廣播節目
　　　　□電視節目　□銷售人員推薦
　　　　□其他＿＿＿＿＿＿＿＿＿＿＿＿＿＿＿＿

您通常以何種方式購書？
　　　　□逛書店　　□劃撥郵購　□電話訂購　□傳真訂購　□信用卡
　　　　□團體訂購　□網路書店　□DM　　　□其他＿＿＿＿＿＿

看完本書後，您喜歡本書的理由？
　　　　□內容符合期待　□文筆流暢　□具實用性　□插圖生動
　　　　□版面、字體安排適當　　□內容充實
　　　　□其他＿＿＿＿＿＿＿＿＿＿＿＿＿＿＿＿

看完本書後，您不喜歡本書的理由？
　　　　□內容不符合期待　□文筆欠佳　　□內容平平
　　　　□版面、圖片、字體不適合閱讀　　□觀念保守
　　　　□其他＿＿＿＿＿＿＿＿＿＿＿＿＿＿＿＿

您的建議：